AF309051

ORIGINES

DU

PARLEMENT

DE BORDEAUX

(1370-1462)

PAR

E. BRIVES-CAZES

Docteur en droit,
Conseiller à la Cour d'appel de Bordeaux,
Membre de l'Académie des Sciences, Belles-Lettres et Arts de cette ville,
Membre correspondant de l'Académie de législation de Toulouse.

*Studia senectutem delectant, domi
consolant.*

BORDEAUX

IMPRIMERIE G. GOUNOUILHOU

11, RUE GUIRAUDE, 11

—

1887

ORIGINES

DU

PARLEMENT DE BORDEAUX

(Extrait des *Actes de l'Académie des Sciences, Belles-Lettres et Arts de Bordeaux*, 3e fascicule, 1885.)

ORIGINES

DU

PARLEMENT

DE BORDEAUX

(1370-1462)

PAR

E. BRIVES-CAZES

Docteur en droit,
Conseiller à la Cour d'appel de Bordeaux,
Membre de l'Académie des Sciences, Belles-Lettres et Arts de cette ville,
Membre correspondant de l'Académie de législation de Toulouse.

*Studia senectutem delectant, domi
consolant.*

———— ┼✕┼ ————

BORDEAUX

IMPRIMERIE G. GOUNOUILHOU

11, RUE GUIRAUDE, 11

——

1887

1861

Legislature of

Department of Commerce

[illegible]

[illegible]

ORIGINES

DU

PARLEMENT DE BORDEAUX

(1451-1462)

*Studia senectutem delectant, domi
consolant.*

INTRODUCTION

Le 12 juin 1451, Bordeaux, après avoir vainement
attendu les secours promis par la couronne d'Angleterre,
capitulait devant les armées du roi de France ; mais les
éminents personnages, l'archevêque Pey Berland, Bertrand, seigneur de Montferrand, Gaillard de Durfort, seigneur de Duras, Gadifier Shartoise, maire de Bordeaux,
Jean de La Lande, seigneur de Bréda, Bernard Angevin,
seigneur de Rauzan, et Guillaume Andron, seigneur de
Lansac, qui, au nom des gens des trois états de la ville
et cité de Bordeaux et du pays bordelais, allaient stipu-
ler, pour prix de leur soumission, le maintien des franchises et libertés de la Guyenne, ne manquaient pas de
solliciter de Charles VII l'établissement à Bordeaux d'une
juridiction souveraine.

« ... Et sera le Roy con tant que, en ladicte cité de

1

» Bourdeaulx, y ayt justice souveraine pour cognoistre,
» discuter et déterminer deffinitivement de toutes les
» causes d'appel qui seront en icelluy pais, sans, pour
» iceulx appeaulx, par simple querelle ou autrement, estre
» traictez hors de ladicte cité (¹). »

Cette instante prière répondait à l'une des plus vives préoccupations des habitants de Bordeaux. Ils ne voulaient pas que, sous prétexte d'appel à une juridiction supérieure, le plus humble d'entre eux fût obligé d'aller à grands frais et en s'exposant aux périls d'une longue route, défendre, devant une juridiction éloignée, à l'appel téméraire d'un plus riche ou plus puissant que lui. Cette préoccupation n'avait cessé de guider leur conduite dans leurs rapports avec la couronne d'Angleterre. « *Sciendum* » *est*, est-il dit dans les anciens statuts de 1261, *quod in* » *omnibus casibus in quibus cives Burdegalæ tenentur jus* » *facere coram domino, in civitate Burdegala, nec alibi, in* » *judicium debent trahi.* »

Les rois d'Angleterre, fidèles à leur politique de ménagement envers les privilèges de la Guyenne, n'avaient jamais tenté de détourner les Bordelais de leurs juges naturels. S'il avait été fait parfois des tentatives en ce sens, elles étaient venues de certains personnages puissants qui avaient trouvé utile à leurs intérêts de faire appel au juge du suzerain du duché de Guyenne, au Parlement de Paris; mais depuis que, par le traité de Brétigny (1360), les rois d'Angleterre s'étaient proclamés possesseurs de la Guyenne en toute souveraineté, ils avaient supprimé ce recours au suzerain et établi pour leurs sujets aquitains une Cour supérieure, *Curia superioritatis*, qui a fonctionné de 1370 à 1451, ainsi qu'on le verra *infrà*, Iʳᵉ partie.

(¹) V. Archives municipales, *Livre des Bouillons*, p. 540.

Charles VII, en prenant, à son tour, possession de la Guyenne, ne pouvait moins faire que ses prédécesseurs anglais. Il devait même être d'autant plus disposé à acquiescer à la demande des trois états de ce pays, que ce qu'on sollicitait de lui rentrait exactement dans la politique qu'il suivait alors contre l'extension exagérée que le Parlement de Paris avait donnée à sa juridiction. Dès 1437, il avait institué un Parlement pour « le Lan- » guedoc, l'Aquitaine et les pays au delà de la Dordo- » gne » (1). — Il ne pouvait donc que lui convenir de créer à Bordeaux une Cour souveraine qui, par la force même des choses, devait arrêter les entreprises du Parlement de Paris.

Aussi n'hésitait-il pas à ratifier, sans aucune réserve, le traité de capitulation de la Guyenne, et dès le 20 juin, dans le plus court délai possible, cette ratification était signée par lui à Saint-Jean-d'Angély. Ses lettres-patentes se terminaient par un mandement aux « gens tenans (2) » ou *tiendront* nos Parlemens et Cours souveraines... (3). »

A quelques mois de là, le 13 février 1451/52, ces lettres-patentes étaient publiées dans la cour de la sénéchaussée de Guyenne, qui venait d'être reconstituée avec des éléments nouveaux. C'est Pierre Gaston, procureur-syndic de la cité de Bordeaux, qui requérait la publication des

(1). V. *Ordonnances*, t. XXI, p. 59.

(2) Ce mot a donné lieu à une étrange équivoque dans le Mémoire que la noblesse de Guyenne présentait au Roi en 1788, et où il est dit en parlant de la Cour supérieure des Anglais : « Cette Cour était encore » existante lors de la capitulation de 1451, et elle *fut conservée...* En » effet... les lettres-patentes portant ratification de cette capitulation » sont même adressées au *tribunal alors subsistant...* » (V. O'Reilly, t. III, p. 556.) — Évidemment le roi Charles VII n'a visé et n'a pu viser que les gens tenant alors *ses* Parlements, c'est-à-dire ceux de Paris et de Toulouse, et non ceux qui avaient tenu jusque-là la Cour supérieure de ses ennemis.

(3) V Archives municipales, *Livre des Privilèges*, p. 50.

lettres de Charles VII. C'est Pierre Bragier, conseiller du roi et lieutenant général de Guyenne, qui faisait droit à ces réquisitions, en présence des légistes qui l'assistaient, Jean de Villa-Christi, Jean d'Amel et autres, tous personnages arrivés en Guyenne à la suite des armées de Charles VII.

Bien plus tard encore, ces mêmes lettres étaient enregistrées, le 20 juin 1452, par la Cour souveraine, *Curia suprema Burdigalæ*, que Charles VII, réalisant sa promesse, avait instituée à Bordeaux. Nous nous en occuperons *infrà*, IIe partie (¹).

(¹) Si le Parlement de Bordeaux peut prendre date du jour de la création de la *Cour souveraine* de Charles VII, il n'est pas moins vrai que la disparition de cette Cour fut complète dès 1452, et qu'il s'écoula plus de dix années avant que le Parlement reparût dans sa forme définitive.

Dans l'intervalle, l'assimilation de la Guyenne aux provinces françaises fut très activement poursuivie, notamment au point de vue de l'administration de la justice.

Dès 1454, des commissaires furent envoyés en Guyenne avec mission d'y réformer l'administration de la police et de la justice. Les ordonnances qu'ils rendirent à cet effet, et qui sont encore inédites, ont une importance capitale pour connaître ce qu'était alors l'administration de la justice en Guyenne. On en trouvera l'analyse dans la IIIe partie.

Un peu plus tard, en 1456 et en 1459, des conseillers du Parlement de Paris vinrent tenir à Bordeaux des Grands-Jours dont la mission ne fut pas seulement de juger les appels à eux déférés, mais encore de régler diverses questions d'attributions, de compétence et de procédure que l'introduction du régime français avait soulevées. C'est l'objet de la IVe partie.

Grâce à tous ces efforts poursuivis sans relâche, le terrain se trouva bien préparé lorsque reparut le Parlement.

PREMIÈRE PARTIE

COUR SUPÉRIEURE ANGLAISE

(1370-1451)

———

I. — Aperçu historique (¹).

Bien que les Bordelais eussent toujours considéré comme un de leurs privilèges essentiels d'avoir une justice souveraine sur leur territoire, ils ne s'étaient fait faute, au cours des siècles précédents, d'en appeler souvent au juge du suzerain de la Guyenne, au Parlement de Paris. Ennemis de la France, ils ne craignaient pas d'invoquer cette suprême sauvegarde de leurs droits, au risque de renverser, sans le vouloir, la domination qui avait leur préférence. C'est à ce jeu dangereux que s'étaient employés surtout les plus grands seigneurs du pays et même les bourgeois les plus marquants de Bordeaux (²), les d'Albrets, les comtes de Foix, les d'Arma-

(¹) Comp. Rabanis, *OEuvres posthumes*, dans la *Revue de Droit français et étranger*, t. VII, p. 503 et suiv.; Brissaud, *les Anglais en Guyenne*, p. 47 et suiv.; *Cartulaire de Henri V et de Henri VI, rois d'Angleterre*, dans le tome XVI des *Archives historiques de la Gironde*. — Rymer et Brequigny m'ont aussi fourni de nombreux documents sur la *Cour supérieure* des Anglais. J'ai trouvé enfin de précieux renseignements sur les personnages et les choses de cette époque dans la savante *Collection générale des Documents français qui se trouvent en Angleterre*, par M. J. Delpit.

(²) Depuis le xiiiᵉ siècle, il s'était élevé à Bordeaux des familles bourgeoises avec lesquelles les rois d'Angleterre avaient dû compter, et de la rivalité desquelles ils avaient su tirer parti. Deux d'entre elles surtout, les Solers et les Colombs, étaient arrivées à une puissance telle que c'est entre elles que se disputait le gouvernement de la cité. (V. Baurein, *Recherches sur la maison du Soley*; Delpit, *Notice sur le manuscrit de Volfenbuttel*, p. 67; Ribadieu, *Histoire de la conquête de la Guyenne*, p. 61 et suiv.)

gnacs, les Colombs, les Calhaux, les Solers et bien d'autres encore dont la versatilité entre les Anglais et les Français était pratiquée et acceptée sans vergogne dans ces temps si profondément troublés (1).

Il est curieux de suivre dans les *Olim* (2), ces précieux registres du Parlement de Paris, au cours des XIIIe et XIVe siècles, les nombreux appels et différends de toutes sortes que les Gascons déféraient à cette Cour. On y voit les débats s'engager contradictoirement entre les plaignants et les procureurs officiels du roi d'Angleterre (*procuratores regis Angliæ*). Le Parlement avait même voulu régulariser la procédure de ces recours, en ordonnant, en 1269, que, lorsque sur la plainte d'un habitant de la Gascogne, du Périgord, du Quercy ou du Limousin, il faudra citer le roi d'Angleterre, il devra être écrit à ce roi ou à son lieutenant dans le lieu où le différend aura pris naissance et où la citation devra être donnée.

Relevons maintenant, comme exemples, quelques-uns de ces recours (3).

---

(1) En passant du parti anglais au parti français et *vice versâ*, les Gascons perdaient par là même leurs seigneuries; mais ils savaient s'en faire dédommager. (V. Baurein, *Variétés*, t. II, p. 98 et *passim*.)

(2) Les *Olim*, édition de la *Collection des Documents inédits sur l'Histoire de France*, t. I, II, III, *passim*.

(3) Les rois d'Angleterre, depuis surtout les traités de 1259, n'avaient cessé d'agir de façon à déshabituer les Gascons des recours au Parlement de Paris. Il était même question dès lors de créer en Guyenne une Cour suprême à laquelle les populations s'habitueraient peu à peu à porter leurs appels. — A ce moment même, le roi de France, déjouant cette manœuvre des Anglais, et comme pour faciliter les recours à sa justice, déclarait que les appels de Guyenne ressortiraient désormais au sénéchal du Périgord, qui recevait alors des attributions très étendues. (V. les *Olim*, t. II, p. 45, 47 et 315; Dessalles, *Hist. du Périgord*, t. II, p. 249, et t. III, p. 68 et 69.) — Il faut rapprocher cette décision étendant les attributions du sénéchal du Périgord, en 1259, du rétablissement, un siècle plus tard, en octobre 1369, d'anciennes assises dites de Vésone, instituées à Périgueux pour statuer sur les appels au roi de France venant de Bordeaux et de Bayonne. (V. *infrà*, p. 20.)

Sous saint Louis, les conflits avaient été assez fréquents. Ainsi, bien que Louis IX eût écrit au roi d'Angleterre de recevoir l'hommage de Renaud de Pons, pour le château de Gensac *(de Genciaco)* (¹), dépendant de la succession de Hélie de Rudel. (²), père de sa femme, le roi d'Angleterre exigeait que cet hommage lui fût rendu à Londres. Le débat s'engageait là-dessus devant le Parlement de Paris, les procureurs du roi anglais soutenant que jusque-là ce roi avait toujours reçu les hommages de Gascogne en Angleterre et même où il le voulait. Par l'arrêt, il était décidé que Renaud n'était pas tenu d'aller en Angleterre pour rendre hommage au roi des choses étant de la mouvance de la Gascogne, ainsi que l'était le château dont il s'agit, et qui, d'ailleurs, *tenentur à rege Francie* (1260).

Quelques années après, c'était la vicomtesse de Limoges qui demandait au Parlement une enquête contre les bourgeois du château de Limoges et le roi d'Angleterre, à cause du serment de fidélité que ce dernier avait reçu desdits bourgeois sur lesquels il prétendait avoir juridiction *(curiam)*. L'arrêt décidait, en droit, que, quant à présent, le roi d'Angleterre n'avait pas juridiction (1267).

. A quelque temps de là, Rampnol de Beaufort *(Radulfus de Belloforti)* faisait appel au Parlement contre une sentence du sénéchal du roi d'Angleterre, en Limousin, qui l'avait dépossédé du château de *Gymel* (³). L'arrêt ordonnait

---

(¹) *Gensac*, canton de Pujols, arrondissement de Libourne (Gironde). Il y a encore des restes du château qui, en 1260, ne devait pas dater de longtemps. Il eut beaucoup à souffrir dans la campagne finale de 1453. Il a longtemps appartenu à la maison d'Albret.

(²) Hélie de Rudel, seigneur de Bergerac, de Pujols et de Rauzan (1242-1256). Il avait été l'un des quatorze barons du Bordelais et du Bazadais.

(³) On signale encore à *Gimel*, canton et arrondissement de Tulle (Corrèze), les restes d'un ancien château.

qu'il serait remis en possession de ce château et retenait la cause pour le surplus des différends (1268).

Un peu plus tard, c'était le chevalier Hermand de Montpesat (¹) qui en appelait au roi de France d'une sentence du sénéchal de Gascogne qui l'avait dépossédé de ses biens. — Le Parlement retenait l'affaire et en fixait la continuation aux gens du roi *(gentibus regis Angliæ)* après la fête de l'Assomption prochaine (1269).

Sous la pression très active de Philippe le Hardi, les recours s'étaient multipliés, ce prince étant d'autant plus empressé de les accueillir que c'était un moyen d'intervenir dans les affaires de son vassal Henri III. Ce dernier semble même alors si peu disposé à protester contre une telle ingérence qu'on le voit, en 1272, prier le roi de France de ménager ses sujets gascons qui se plaignaient que, sur leurs appels faits à ce roi, il ne leur fût pas rendu la justice qu'ils réclamaient.

Un de ces appels mettait bientôt en présence le roi d'Angleterre, Édouard Ier, et le vicomte de Fronsac (²), au sujet du château de Fronsac et dépendances, dont ce dernier se prétendait avoir été dépouillé par le roi. — Le procureur de ce prince demandait que l'affaire lui fût

(¹) C'est probablement le chevalier Amant ou Armand de Montpezat, demeurant dans la paroisse de Sallebeuf, qui figure, en 1273, dans une reconnaissance féodale rapportée aux *Archives historiques*, t. V, p. 320. (V. encore t. VIII, p. 44.) — Le château de Montpezat en Agenais était très important. Aussi, en 1324, Charles le Bel, en guerre avec Édouard II, lui demandait à la fois l'hommage de la Guyenne et la reddition du château de Montpezat.

(²) Raymond, vicomte de Fronsac, avait obtenu d'Henri III, le 5 août 1254, en même temps que d'autres seigneurs de Guyenne, des lettres d'abolition lui faisant grâce des infidélités dont il s'était rendu coupable. (V. *Arch. hist.*, t. IV, p. 36.) — Mais il était, comme les autres, si fort sujet à caution que, dès 1271, on voit par l'arrêt ci-dessus qu'il avait encore perdu les faveurs du roi d'Angleterre. (V. sur les seigneurs de Fronsac jusqu'en 1483 une enquête faite à cette époque : *Arch. hist.*, t. XIII, p. 85 et suiv.)

renvoyée, la vicomté de Fronsac étant dans les limites de la Gascogne. A quoi le vicomte répondait qu'il ne devait pas être renvoyé devant le juge du roi d'Angleterre parce qu'il ne tenait rien de ce roi et que ce qu'il demandait était dans la mouvance du comte de Périgord, qui le tenait lui-même du roi de France. — Par l'arrêt, il était jugé que le vicomte ne tenait rien du roi d'Angleterre, non plus que le comte duquel il disait tenir, qu'il n'avait, par suite, à se rendre à la cour de ce roi et qu'il devait rester en la Cour de séant (1272) (¹).

Le Chapitre de Saint-André de Bordeaux avait été des plus empressés à adresser ses plaintes au roi de France. — Il s'était plaint, d'abord, de ce que les châteaux appartenant à l'archevêché de Bordeaux avaient été occupés par les gens du roi d'Angleterre, malgré la défense du roi de France. — Devant le Parlement, le procureur du roi anglais répondait qu'il n'avait rien à dire, le siège archiépiscopal étant vacant (²). — L'arrêt décidait que le procureur du roi d'Angleterre était tenu de répondre tout

(¹) Le château de Fronsac, ainsi que ceux de Castillon et de Benauges, avaient été mis sous la main du Roi par le gouverneur Simon de Montfort. Après de vaines démarches pour obtenir la restitution de son château, Raymond, vicomte de Fronsac, s'était pourvu devant le roi de France. L'affaire, commencée ainsi qu'il est dit ci-dessus, traîna en longueur. Cependant, en 1276, Édouard Ier acceptait de s'en remettre à la décision du roi de France. L'arrêt qui intervint plus tard donna gain de cause au vicomte, qui obtint des dommages-intérêts considérables. En 1285, Guillaume-Amanieu, fils de Raymond, en était encore à poursuivre le paiement de ces dommages-intérêts dont partie seulement était payée par Édouard, qui chargeait alors le sénéchal et le connétable de Bordeaux de payer le reste. (V. Baurein, *Recherches*, etc., p. 378 et suiv.)

(²) Le siège archiépiscopal était vacant, depuis 1268 ou 1269, par la mort de Pierre I, dit *de Ronceval*, qui ne fut remplacé qu'en 1275 par Simon de Rochechouart. (V. Lopez, édit. Callen, t. II, p. 232 et suiv.) — Le roi d'Angleterre ayant indûment perçu les revenus du siège pendant la vacance, il fut tenu de les restituer en vertu d'une transaction du 7 juillet 1277. (V. *Livre des Bouillons*, p. 422 et suiv.)

au moins en ce qui concernait le Chapitre et l'église (1270).

Le Chapitre se plaignait, du reste, vers le même temps, de ce que trois châteaux lui appartenant (*Mons revelli*, Lormont et *Palacium*) (¹), avaient été violemment occupés par le roi d'Angleterre, alors que le roi de France avait mandé qu'on les lui remît. — Après débats entre le procureur du roi anglais et celui du Chapitre, l'arrêt décidait que le Chapitre procèderait *implorando judicis officio et non judicio ordinario* (1271).

Quelques années après, ce même Chapitre citait Édourd Ier pour lui faire enjoindre de ne pas le troubler dans certain droit qu'il prétendait sur la monnaie frappée à Bordeaux. — Édouard fut condamné, mais l'exécution de la sentence fut longtemps éludée (1275).

Vers la même époque, Édouard Ier lui-même, prenant une initiative qui surprend, faisait un appel éventuel au plus prochain Parlement de Paris pour vider les différends qu'il avait avec l'archevêque de Bordeaux (²).

Avec Philippe le Bel, l'ingérence du suzerain s'était fait encore plus sentir. N'était-il pas allé, en novem-

(¹) On remarque que le Chapitre revendique, en 1271, comme lui appartenant, deux châteaux, celui de *Montravel* et celui de *Lormont* qui, à cette époque et depuis, étaient des seigneuries pour lesquelles des hommages étaient rendus à l'archevêché. Comme le siège était vacant, le Chapitre entendait sans doute invoquer une possession effective, à l'encontre du droit de régale que le Roi prétendait exercer. — Quant au *Palacium*, n'étant connu aucun château de ce nom ayant appartenu à l'archevêché, ce ne peut être que le palais archiépiscopal lui-même où les rois d'Angleterre ont si souvent logé.

(²) L'archevêque Simon de Rochechouart s'était, en 1277, pourvu, avec le chapitre de Saint-Seurin, devant le roi de France, contre des excès commis par le sénéchal de Gascogne et par les maire et jurats de Bordeaux dans la sauveté et faubourg de Saint-Seurin : V. Lopez, édit. Callen, t. II, p. 234, et le *Livre des Bouillons*, p. 422, où se trouve une transaction dans laquelle sont relevés de nombreux faits relatifs aux incessants conflits entre l'autorité civile et l'autorité ecclésiastique dans Bordeaux et ses faubourgs.

bre 1293, jusqu'à faire citer Édouard Ier devant lui pour répondre à certaines accusations portées contre ce prince? On sait à la suite de quelles intrigues Philippe le Bel réussit alors à se mettre en possession de la Guyenne qu'il garda jusqu'en 1303.

Dès le commencement du XIVe siècle, avaient reparu les recours au roi de France. Ainsi, Bernard d'Escossan, seigneur de Langoiran, en procès avec le seigneur de Rions devant le sénéchal de Guyenne, avait appelé de la sentence de ce dernier *ad audientiam domini Franciæ regis*. Il ne tarda pas cependant à se désister de cet appel; dont acte fut dressé tant à sa requête qu'à celle du sénéchal de Gascogne, à la date du 10 février 1327/28 (1).

Déjà, Amanieu d'Albret avait proclamé bien haut ce droit d'appel au suzerain dans une requête qu'en 1312 il adressait au roi de France :

« *Quoniam,* disait-il, *appellationis remedium est inven-*
» *tum in relevamen oppressorum contra malitiam oppri-*
» *mentium et opprimere volentium..., pro me et mihi*

---

(1) V. *Archives historiques,* t. IV, p. 76. — Le baron d'Escossan avait épousé Miramonde Calhau, dame de Podensac, fille et héritière sous bénéfice d'inventaire de Pierre Calhau, de la rue Neuve, citoyen de Bordeaux. Si la maison d'Escossan, dont il est souvent fait mention dans les anciens titres, était très distinguée et l'une des plus anciennes du pays bordelais (V. Baurein, t. III, p. 199), la maison de Calhau était, de son côté, l'une des plus anciennes familles de Bordeaux. Elle avait fourni, depuis 1235, plusieurs maires à cette ville. Comme elle formait différentes branches, on les distinguait par la rue qu'elles habitaient : V. Baurein, t. III, p. 197 et suiv., qui, à cette occasion, fait la remarque qu'on trouve, dans les anciens titres, tant de nobles épousant les filles des citoyens de Bordeaux, et tant de bourgeois de cette ville alliés aux filles de la noblesse la plus distinguée, que l'on serait porté à croire que, dans l'opinion publique d'alors, la qualité de citoyen de Bordeaux équivalait à celle de noble. — Quelques années après, en 1395, la veuve d'un Calhau, Blanche de Calhau, dame du Tilh, se disait veuve et héritière de Bertrand Calhau, chevalier. (V. Baurein, t. III, p. 220.)

» *adhærentibus provoco et appello, et hac voce appellationis*
» *sæpe et sæpius emissa, ad præfatum dominum nostrum*
» *regem* (¹). »

Et cependant, le roi préféré pour les d'Albrets, comme pour les autres, c'était bien encore le roi d'Angleterre. Il est curieux de voir la raison que Froissard (t. X, 3, c. 122) donne de cette préférence, malgré les procédés hautains des Anglais à l'égard des Gascons (²). « J'ouïs » une fois dire au seigneur d'Albret, étant à Paris, » rapporte-t-il, « une parole que je notai bien, quoiqu'il » semblast la dire pour plaisanter. Un chevalier de Bre- » taigne lui ayant demandé des nouvelles de son pays, » et s'il persisteroit longtemps dans le service de la » France, il lui répondit qu'il le pensoit ainsi, et qu'il » s'y trouvoit assez bien. Cependant, ajouta-t-il, « j'avois » plus d'argent, et mes gens aussi, quand je faisois » la guerre pour le roi d'Angleterre, que je n'en ai » maintenant ; car, quand nous chauvauchions à l'aven- » ture, nous trouvions toujours quelques riches mar-

(¹) V. ce procès dans Rymer, t. II, part. 1, p. 21.

(²) Du temps des Anglais, le terme de *Gascons* désignait tous les habitants de la Guyenne, indifféremment appelée aussi Gascogne et Aquitaine. — Si les d'Albret et autres grands seigneurs avouaient assez cyniquement la cause de leur préférence pour le roi d'Angleterre, les bourgeois et marchands de la Guyenne ne cachaient guère la raison de leur attachement à la domination anglaise. C'était le grand débouché qu'ils trouvaient alors en Angleterre pour le placement de leurs vins, commerce à peu près unique, dès cette époque, du duché de Guyenne. Les Anglais n'en doutaient pas. Mathieu Paris, p. 557, parlant de l'administration de Simon de Montfort, sous Henri III, ajoute : « *Superbiam* » *edomuit Gasconensium adeo quod, nisi Anglia utilis eis esset ad vina* » *sua vendenda, omnes à fidelitate regis Anglorum recessissent, et alium* » *sibi dominum acquisissent..., ad sua vina vendenda, quibus solis subsi-* » *diis recreantur.* » — A un point de vue plus élevé, on peut dire que la politique des Bordelais, pendant le moyen âge, fut toujours de préférer à la domination d'un roi tout-puissant, celle d'un duc contre lequel il y avait du moins le recours au suzerain. (Comp. Gaufreteau, t. I, p. 26.)

» chands de Toulouse, de Condom, de la Réole ou de
» Bergerac; il se passoit peu de jours que nous ne fis-
» sions quelque bonne prise, et maintenant tout nous est
» mort. » — Alors le Breton se mit à rire, et lui dit:
« C'est donc la vie des Gascons. » — Pour moi qui enten-
» dis cette parole », ajoute Froissard, « je vis que le sire
» d'Albret commençoit à se repentir d'estre françois (1),
» et peu après, on apprit que le sire de Mucidan, le sei-
» gneur de Rozan, le sire de Duras et le sire de Langoi-
» ran, quoique comblés des bienfaits du Roi dont ils
» avoient imploré le secours, étoient rentrés au service
» des Anglois... »

Après les désastres de Poitiers et de Crécy, le traité de
Brétigny (2) était venu mettre fin à ces recours au Roi de
France, sous prétexte d'appel. Édouard III, en se déclarant
désormais possesseur de la Guyenne en toute souveraineté (3), s'était empressé de s'affranchir de la suzeraineté
du roi de France, et, par suite, des appels portés devant
le Parlement de Paris; mais, ne voulant pas cependant
priver les Gascons des garanties qu'ils y avaient trouvées

(1) Le mariage d'Arnaud-Amanieu d'Albret avec Marguerite de
Bourbon, en 1368, rallia définitivement la maison d'Albret à la politique de Charles V. (V. Luchaire, *Notice sur les origines de la maison
d'Albret.*) — Arnaud-Amanieu d'Albret n'en restait pas moins feudataire d'Édouard III qui, le 1er décembre 1372, lui adressait une lettre
annonçant des secours et l'invitant à mettre en bon état les châteaux
dont il était seigneur (V. *Archives hist.*, t. III, p. 275). — A ce moment
même, ce puissant personnage se faisait payer le prix de sa défection
par le roi de France. En quatre ans, il avait reçu 87,000 fr. d'or bordelais, soit plus de 5 millions en monnaie actuelle, acompte sur la
somme de 378,000 fr. bordelais qui lui avait été promise pour diverses
causes. (V. *Arch. hist.*, t. I, p. 157)

(2) V. ce traité et les conventions et confirmations qui le suivirent
dans les Arch. mun., *Livre des Bouillons*, p. 37, 39, 55, 63, 70, 75, 81, 99, etc.

(3) Conf. Delpit, *Collect. des Documents*, etc., introd., p. cxxvi et suiv.
— V. à la suite, p. 86 et suiv., le procès-verbal des hommages rendus
au nouveau suzerain Édouard III et à son nouveau feudataire, le Prince
Noir, par les seigneurs et les villes de l'Aquitaine.

jusque-là, il avait aussitôt promis d'instituer une Cour supérieure, *Curia superioritatis Aquitaniæ.*

L'exécution de cette promesse était néanmoins suspendue par l'effet de l'acte souverain qui avait transporté, dès 1360, au célèbre Prince Noir, fils d'Édouard III, tous les droits de ce dernier sur le duché de Guyenne [1].

Toutefois, il y a lieu de supposer que le Prince Noir, s'associant à la pensée de son père, s'était empressé d'instituer à Bordeaux une sorte de Cour souveraine, *Curia magnorum dierum principatus nostri Aquitaniæ.* On possède, tout au moins, une sentence rendue par cette Cour au sujet de la juridiction des maire et jurats de Bordeaux [2], dans les circonstances suivantes : des contestations s'étant élevées sur la succession de Richard de Croston, entre sa tante, Alice de Croston, anglaise, femme de Robert Mageston, et sa mère, Marie de Lugbon, veuve de Ade de Croston, elles avaient été renvoyées par lettres-patentes d'Édouard, prince d'Aquitaine et de Galles, devant le sénéchal de Guyenne; mais Marie de Lugbon, en sa qualité de bourgeoise de Bordeaux, avait aussitôt décliné la compétence du sénéchal. Celui-ci ayant refusé de se dessaisir, Marie de Lugbon, à laquelle s'était joint le procureur des maire et jurats de Bordeaux, s'était pourvue par appel devant la *Cour des Grands-Jours.*

[1] Les rois d'Angleterre ont parfois donné en apanage à leurs fils ou à leurs proches le duché de Guyenne avec toutes leurs prérogatives. Les Gascons ont toujours protesté contre ces agissements dans lesquels ils voyaient une dérogation à leur droit de ne relever que de la couronne d'Angleterre. (V. Ribadieu, *op. cit.*, p. 73 et suiv.)

[2] Cette juridiction, aussi ancienne qu'incontestée, avait été confirmée par Édouard III le 20 octobre 1354. (V. Arch. mun., *Livre des Bouillons*, p. 193.) — Au-dessous des maire et jurats, et relevant d'eux, était le *Prévôt de la Ville*, un juge de police municipale, jugeant les petites causes, surveillant les poids et mesures, les cordonniers et les taverniers. (V. le Règlement fait pour l'exercice de cette Prévôté, le 2 août 1376, dans le *Livre des Bouillons*, p. 512 et suiv.)

Les parties ayant comparu devant cette Cour, Marie de Lugbon et le procureur des maire et jurats, en personne, Alice de Croston, par son procureur, Nicolas de Reseley, et ce, *ad dies videlicet senescalliæ Burdegalæ* (¹), après qu'elles eurent, de part et d'autre, posé leurs conclusions, *visis predictis processibus et diligenter attentis in eisdem contentis, per judicium nostræ curiæ prononciamus,* dit le prince de Galles. Par cet arrêt, il fut déclaré que c'était à tort que le sénéchal avait retenu la cause, laquelle fut renvoyée à la Cour du maire pour y être fait droit. — On lit à la suite : « Donné à Bordeaux, » *in curia nostra magnorum dierum,* le 7 juillet 1366 » (²).

Un document récemment découvert permet de signaler un autre appel porté devant la *Cour des Grands-Jours* de Guyenne. C'est celui qui avait été fait d'une sentence interlocutoire rendue par le sénéchal de Saintonge, au sujet du partage de la succession de Jean Vigier, seigneur de Faye et de Brassaud. Il paraît qu'au cours de cette instance d'appel, un projet de transaction était intervenu entre le receveur de Saintonge et le chevalier Aimar de Laleigne, relativement à la dite succession ; quoi qu'il en soit, le prince de Galles, sollicité par les parties de favoriser cette transaction, consentait à intervenir dans cette affaire, et le 5 février 1367-68, étant alors à Angoulême, il mandait au sénéchal de Saintonge de ne pas mettre obstacle à la transaction projetée, se réservant, du reste, les droits lui revenant pour les appellations précédemment interjetées (³).

(¹) M. Rabanis induit de là que cette Cour, fonctionnant avec une parfaite régularité, devait juger sénéchaussée par sénéchaussée, comme fit plus tard le Parlement, les causes portées devant elle.

(²) V. *Livre des Bouillons,* p. 127 et suiv.

(³) V. *Archives historiques de la Saintonge,* t. XIII, p. 66. — Charte tirée des archives de M. le duc de La Trémoïlle, à Thouars.

Précédemment, le Prince Noir avait décidé, le 18 avril 1366, que des procès existant entre le Chapitre de Périgueux et la Ville seraient renvoyés à Bordeaux pour y être jugés aux premiers *Grands-Jours* qui y seraient tenus (¹).

Si le prince Noir n'avait jamais fait que bonne justice à ses sujets aquitains, il n'eût pas soulevé contre lui les réclamations violentes qui finirent par provoquer un acte éclatant (²). Les seigneurs de Guyenne, sans s'arrêter aux prescriptions du traité de Brétigny, que le Prince avait été le premier à violer ouvertement, n'hésitèrent pas, en janvier 1368/69, à s'adresser comme autrefois au roi de France (³). Charles V, qui n'attendait qu'une occasion de ressaisir ses droits de suzerain, faisait immédiatement citer son prétendu vassal, le prince de Galles, devant le Parlement de Paris (⁴). On sait comment ce prince répondit à la citation du roi de France. S'il se

(¹) V. Dessalles, *Histoire du Périgord*, t. II, p. 272. — Cet auteur ajoute (p. 273) qu'en 1366, malgré l'institution des *Grands-Jours de Guyenne*, plusieurs affaires furent portées à la Cour du roi à Londres.

(²) V. Delpit, *op. cit.*, Introd., p. cxxxiii et suiv., au sujet des dépenses de l'existence quasi royale que le Prince Noir mena, pendant huit ans, dans la principauté d'Aquitaine. D'après Froissard, « l'état du Prince » et de Mme la Princesse étoit adonc si grand et si étoffé que nul autre » de prince ni de seigneur, en chrétienté, ne s'accomparoit au leur. »

(³) Dans leurs plaintes à Charles V, les seigneurs gascons contestaient hautement qu'il y eût eu jamais, de la part du roi de France, renonciation à son droit de ressort et de suzeraineté sur la Guyenne. — Il paraît, en effet, que cette renonciation, ainsi que celles que devait faire Édouard III, notamment à se dire roi de France, avaient été réservées par le traité de Brétigny et par des traités ultérieurs. Cependant, dans les pourparlers intervenus plus tard à Calais et à Bruges, il ne fut fait, de part ni d'autre, aucunes des renonciations convenues. Par suite, il est seulement certain qu'Édouard III avait été régulièrement mis en possession des provinces cédées dès 1361, et que, depuis près de neuf ans, la suzeraineté du roi de France avait cessé en réalité d'être exercée sur la Guyenne. (V. O'Reilly, t. I, p. 518 et 710.)

(⁴) V. le texte de cette citation, du 25 janvier 1368/69, dans O'Reilly, t. I, p. 519.

disposa aussitôt à repousser par les armes cette provocation téméraire (¹), son père n'allait pas moins se hâter d'organiser en Guyenne la Cour souveraine qu'il avait promise et qui devait mettre un terme à l'ingérence du Parlement de Paris.

Après la retraite du Prince Noir, et dès le 17 janvier 1369/70, Édouard III, *rex Franciæ et Angliæ, dominus Hiberniæ*, comme il se qualifiait, instituait la Cour à laquelle il allait donner les pouvoirs judiciaires les plus étendus (²). Le préambule de ses lettres-patentes est très explicite à cet égard : « *Desiderantes*, dit le roi, *populum » nostrum partium carundem in pacis bono fovere, et à qui- » buscunque gravaminibus et noxis, prout nobis possibile » fuerit, præservare, ac volentes superioritatem et ressortum » hujusmodi in terra nostra Aquitaniæ, prout ad nos pleno » jure pertinet superioritatis et ressorti hujusmodi excitium, » excrcere, etc.* » — Édouard III veut, du reste, épargner à ses sujets de Guyenne les fatigues et les frais d'un voyage à Londres : « *ut subditorum nostrorum ipsarum partium » laboribus parcamus, dispendiis et expensis...* » — C'est, en conséquence, dans la ville de Saintes que la nouvelle Cour se réunira : « *apud regiam civitatem nostram Xanto- » nensem ubi peritorum et victualium habundat copia.* » — Cette abondance de gens experts et de provisions de vivres ne suffit pas pour expliquer le choix de cette ville, située hors de la Guyenne, alors que Bordeaux, capitale du duché, pouvait présenter tout au moins d'aussi grands avantages. Il y a là sans doute une raison d'état qui nous échappe. — Ce n'en sera pas moins avec des Gascons,

---

(¹) C'est pendant cette reprise des hostilités entre la France et l'Angleterre que le célèbre capital de Buch, Jean de Grailly, fut fait prisonnier en 1372. (V. sur ce personnage et sa famille, Baurein, t. III, p. 5 et suiv.)

(²) V. Rymer, t. III, part. 2, p. 167.

des Bordelais surtout, qu'Édouard III va composer sa *Cour supérieure*. Fidèle à la politique des rois d'Angleterre, il choisira de préférence les gens notables du pays, les clercs (¹) plus encore que les laïques. La Cour aura ainsi, pour les Gascons, toutes les apparences d'une juridiction autochthone. Si les noms des nouveaux conseillers ne se trouvent pas dans les lettres d'institution, par suite d'une délégation qu'Édouard III y avait faite à son fils, le Prince Noir (²), les noms de ceux qui furent désignés par Édouard III lui-même dans ses lettres postérieures du 17 avril 1372 (³) ne laissent aucune incertitude à cet égard. Ce sont : l'archevêque de Bordeaux (⁴), l'évêque de Poitiers, les religieux de Saint-Seurin de Bordeaux et de Saint-Maxence de Poitiers, le chancelier d'Aquitaine (⁵), les abbés des monastères, Florimond de Lesparre (⁶), Bernard d'Albret, Guillaume Larchivesque,

---

(¹) Il est certain que, dès cette époque, il y avait, à Bordeaux, dans le clergé séculier, comme dans le clergé régulier, un grand nombre de gradués en droit canon, la majeure partie, a dit Baurein. Plusieurs étaient en outre gradués en droit civil, et quelques-uns même exerçaient la profession d'avocat. — Au surplus, les rois d'Angleterre eurent toujours beaucoup de ménagements pour le clergé aquitain, les moines surtout, dont l'influence était grande en Guyenne, comme partout, à cette époque. Par leurs relations avec les monastères les plus éloignés, par leurs déplacements incessants, ils pouvaient rendre de grands services à ceux qui savaient les gagner à leurs causes. Si les Carmes paraissent avoir été favorables à la cause anglaise au xivᵉ siècle, c'est probablement sur les avis envoyés par les Cordeliers que Charles VII se décida plus tard à reprendre la Guyenne. (V. Ribadieu, *La Guyenne d'autrefois*, p. 161 et suiv.)

(²) A la suite de ces lettres-patentes, Rymer ajoute : « *Memento quod » ista littera suprascripta missa fuit domino principe Aquitaniæ et » Valliæ ad inferendum nomina commissariorum et nomen civitatis.* »

(³) V. Rymer, t. III, part. 2, p. 195.

(⁴) C'était alors Hélie de Salignac (1361-1380).

(⁵) C'était alors l'abbé de Saint-Maxence.

(⁶) L'un des plus grands seigneurs de la Guyenne, Florimond, après une vie des plus accidentées, mourut sans postérité. (V. Baurein, t. I, p. 226 et suiv.)

seigneur de Parthenay (¹), Louis de Harecourt, vicomte de Chastealryand (²), puis les barons du pays (³). — Voilà bien là une réunion aussi brillante que nombreuse : brillante à ce point qu'on la prendrait pour un conseil de gouvernement plutôt que pour une cour de justice; nombreuse surtout si on y ajoute, comme le prescrivait Édouard III, les juges précédemment nommés par son fils : « *Judices tamen alios, per nos aut auctoritate nostra* » *ad præmissa antea deputatos, tenore presentium revocare* » *non intendimus, neque volumus quovismodo, nisi per* » *alias literas nostras eos expresse duxerimus revocandos.* »

Le soin mis par Édouard III à témoigner de sa sollicitude pour ceux qui s'adressaient à sa justice, et le désir qu'il manifeste hautement de rendre sa nouvelle Cour aussi accessible que possible aux Gascons, en leur épargnant les fatigues et les frais d'un long voyage, pourraient bien, en paraissant répondre à certaines préoccupations, faire croire, ainsi qu'il a été dit (⁴), que la

---

(¹) Il était aussi seigneur de Chastellailo. Il figure, non seulement pour ses terres qu'il tenait en Aunis, mais encore comme baron en la cité de Poitiers, dans le procès-verbal des hommages rendus en 1363-1364 au prince de Galles par les seigneurs de Guyenne. (V. Delpit, *Collection des Documents français*, etc., p. 108, 109 et suiv.)

(²) C'est évidemment Louis d'Harcourt, vicomte de Chastel-Layraut, qui figure aussi dans le procès-verbal ci-avant cité. — A l'occasion de ce personnage, moins cependant que pour bien d'autres qui vont suivre, c'est le cas de renouveler l'observation déjà faite par Baurein, t. IV, p. 122, au sujet des noms gascons si souvent défigurés par les scribes anglais, qu'il est parfois difficile de reconnaître les gens qu'ils désignent.

(³) En 1242, on comptait quatorze barons en Bordelais et en Bazadais. (V. Baurein, t. III, p. 254.) — Par la suite, le nombre des barons relevant du duché d'Aquitaine, tel qu'il était du temps d'Édouard III, devait être plus élevé. (V. Delpit, *Collection des Documents*, etc., p. 86 et suiv., où se trouve le procès-verbal des hommages rendus à Édouard III.)

(⁴) V. Dessalles, *op. cit.*, t. III, p. 82. — Cet auteur pense (t. II, p. 277) que, malgré tout ce qui avait été fait, depuis 1368, pour se débarrasser de la suzeraineté du roi de France, que les populations aimaient, l'orga-

création de la *Cour supérieure* n'avait pas été favorable-
ment accueillie en Guyenne, surtout par les grands
vassaux, les d'Albret, les d'Armagnac et autres, bien
qu'Édouard III se fût empressé de faire entrer dans sa
nouvelle Cour quelques-uns des plus importants d'entre
eux.

Si, en effet, les populations du duché pouvaient craindre
que cette Cour ne fût bientôt transférée à Londres, les
grands seigneurs ne cachaient pas les regrets qu'ils éprou-
vaient en perdant des recours qui leur permettaient de
réfréner de temps en temps les agissements des officiers
du roi d'Angleterre. Tout récemment, ils s'étaient expli-
qués à cet égard dans la plainte qu'au mois d'octobre 1369
ils avaient portée au roi de France. Ils avaient dit que,
soutenus par la protection de ce roi, ils avaient pu
mettre un frein à la tyrannie des Anglais, et ils avaient
même ajouté : « plutôt que d'en supporter les rigueurs,
» nous aimons mieux nous donner à quelque prince
» voisin... » Leurs sentiments n'avaient certainement
pas changé depuis qu'ils s'exprimaient ainsi, et l'on
comprend du reste qu'ils ne pouvaient voir disparaître
sans regret le contrôle, plus ou moins puissant, qu'ils
avaient trouvé jusque-là dans leurs recours au roi de
France.

Édouard III pouvait donc craindre que ces regrets ne
fussent pas purement platoniques. Il se passait même
alors à Périgueux un fait dont la portée était inquiétante.
Depuis le mois d'octobre 1369, Louis d'Anjou, frère de
Charles V et son lieutenant en Languedoc, avait rétabli,
par une charte datée de Toulouse, d'anciennes assises
dites de *Vésone*, qui devaient connaître des appels venant

nisation de la Cour d'appel de Guyenne n'aurait jamais été qu'une
tentative destinée à ne pas aboutir.

de Bordeaux et de Bayonne (¹). Évidemment, on avait essayé par là de contrecarrer les effets que la création de la *Cour supérieure* devait produire.

Il n'y avait pas, en conséquence, pour Édouard III de temps à perdre. Aussi, dès 1373, il s'empressait de donner à sa nouvelle Cour un caractère plus déterminé. Il n'y avait pas encore mis de légistes. Il va en adjoindre aux personnages déjà nommés. C'est ainsi qu'il y faisait entrer, outre Élie, évêque de Poitiers, qui y était déjà, un docteur *in utroque jure*, Robert de Wykfort (²); puis Reginalt Desclaux, chanoine de Bordeaux, et Raymond-Guillaume du Puy (³). — Le roi, du reste, manifeste de nouveau, et avec une insistance très significative, son désir de rendre aussi facile que possible l'accès de cette Cour, voulant ainsi dissiper toutes les préventions qui hantaient l'esprit des Gascons : « *Ad majorem quietem,* » dit-il, « *ligeorum nostrorum in dominio nostro Aquitaniæ*

(¹) Pour justifier les attributions données à ces assises, on avait invoqué un titre remontant à une date inconnue et qui portait : « *Cum* » *ab antiquo maxima pars Ducatus Aquitanie, ut ville Burdegalis et* » *Baione et plures alie haberent ressortiri in assisiagiis de Petragoris,* » *in causis appellationum,* etc. » (V. Taillefer, *Antiquités de Vésone,* t. I, p. 117.) Quelles étaient ces assises? Était-ce une délégation du Parlement de Paris? Encore un de ces points obscurs de notre histoire locale. — Un siècle avant, en 1259, le roi de France, pour faciliter également aux Gascons les recours à sa justice, avait déclaré que les appels de Guyenne ressortiraient désormais au sénéchal du Périgord, qui recevait en conséquence des pouvoirs très étendus. (V. Dessalles, *op. cit.,* t. III, p. 68 et 69.) — Serait-ce ce sénéchal qui, dûment assisté, tenait les *assises de Vésone,* instituées *ab antiquo?*

(²) C'est le seul Anglais qui eût encore été nommé. Il devenait bientôt (4 fév. 1374) connétable de Bordeaux, fonctions qu'il dut quitter, en 1375, à la suite d'une condamnation à laquelle il fut sursis bientôt après. — Il eut pour successeur Richard Rotour.

(³) Bachelier en décrets, R.-G. du Puy fut nommé, dès l'année suivante (1374), juge des appels en la Cour de Gascogne. (V. Bréquigny, vol. XXI.) Il revenait à la *Cour supérieure* en 1378. — Il fut le fondateur d'une chapellenie en l'église des Frères Mineurs de Bordeaux. (V. *Arch. hist ,* t. X, p. 230.)

et in partibus illis, ne ipsos oporteat ad personam nostram propriam pro juribus causarum accedere, loci distancia ac periculis passagiorum huc et illuc debite consideratis : Desidéramus fieri justiciæ complementum... (1). »

Deux ans après (2), Édouard III, toujours préoccupé de rendre plus facile à ses sujets de Guyenne l'accès de la justice : *Distancia et periculis... consideratis,* va encore compléter sa *Cour supérieure.* A l'archevêque de Bordeaux, à Raymond-Guillaume du Puy, à Réginald Desclaux, déjà désignés, il ajoute l'abbé de Sainte-Croix de Bordeaux, le doyen de Saint-Seurin, les sires de Lesparre et de Mussidan, M° Ricard Rotour, connétable royal à Bordeaux (3).

Ne semble-t-il pas que, pour des causes inconnues, Édouard III ait rencontré quelque difficulté à donner à sa Cour une organisation définitive? S'il se reprend plusieurs fois dans le choix du personnel, il ne s'inquiète pas moins de la rendre aussi accessible que possible. Si, d'autre part, on remarque que ses choix portaient principalement sur des personnages que leurs fonctions rete-

(1) V. lettres-patentes du 12 avril 1373, dans Rymer, t. III, part. 3, p. 5.

(2) V. lettres-patentes du 19 avril 1375, dans Rymer, t. III, part. 3, p. 27.

(3) Ricard ou Richard Rotour avait été nommé connétable, le 16 avril 1375, en remplacement de Robert de Wykfort. — Le sire de Mussidan était alors Raimond, digne successeur de l'un des fameux routiers de cette époque. Le 29 août 1376, on lui restituait plusieurs joyaux qu'il avait mis en gage dans la trésorerie de l'Échiquier, et le 13 septembre suivant était enregistré dans les archives de ce même Échiquier le dépôt de certaines obligations souscrites par lui. — Voilà certes une singulière situation pour un juge! — En 1375, Florimond, qui était toujours sire de Lesparre, concourait au jugement de Guillaume de Pommiers, seigneur de Fronsac, condamné à mort pour avoir voulu passer aux Français. (V. Baurein, *Variétés,* t. I, p. 226 et suiv.) — V. encore sur Bernard de Lesparre, descendant des anciens seigneurs de Lesparre, personnage des plus importants de son temps, Baurein, *op. cit.,* t. II, p. 258 et suiv.

naient à Bordeaux, on est tenté de croire que, dès 1372 ou 1373, sans qu'aucun texte permette de l'affirmer, c'est dans la capitale même du duché que le siège de la *Cour supérieure* aurait été transféré [1].

Dans tous les cas, une raison majeure avait dû, vers cette époque, obliger la *Cour supérieure* à quitter la ville de Saintes. Les victoires de Duguesclin ont déjà fait perdre aux Anglais une partie du Poitou et de la Saintonge, et il n'y a plus dès lors dans cette région aucune sécurité pour les juges et les justiciables gascons.

Dès l'avènement de Richard II, tout au moins, dut se poser la question du nouveau siège à fixer pour la *Cour supérieure*. A ce moment (1377) la situation s'est en effet singulièrement aggravée pour les Anglais. — Le duc d'Anjou est entré en campagne depuis les premiers mois de l'année, et il a fait déjà des progrès si rapides en Guyenne, qu'en trois mois il s'est emparé de 134 villes ou places fortes. Il occupe la rive droite de la Gironde jusqu'à Mortagne, d'où il est même passé sur la rive gauche, et il a surpris, en Médoc, la tour de Saint-Mambert [2].

Les inquiétudes sont sans doute bien vives à Bordeaux ; mais quelles que fussent celles que donnait l'approche de l'ennemi, il en était une autre qui agitait surtout l'esprit des Bordelais, toujours ardents à réclamer une justice souveraine sur leur territoire. Avaient-ils alors quelques raisons de craindre que la *Cour supérieure* fût

---

[1] M. Rabanis affirme, sans dire sur quel fondement, que la *Cour supérieure*, placée d'abord à Saintes, siégea ensuite à Bordeaux (1372). — Peut-être est-ce cette ville qui avait été définitivement choisie par le Prince Noir lui-même, en vertu de la délégation qu'il avait reçue de son père en 1370, et qui comprenait expressément, avec la désignation des conseillers, celle de la cité *(nomen civitatis)*.

[2] V. Baurein, *Variétés*, t. II, p. 121.

transférée à Londres? Un document, dont on n'a malheureusement que la rubrique, donnerait à le penser. Il s'agit d'une lettre (lettre-patente ou lettre close) adressée aux maire et jurats de Bordeaux, pour les rassurer sans doute, d'après laquelle... « *lo ressort aya a demorar en* » *Guasconha sens anar en Angleterra* (¹). On ne pouvait moins attendre de Richard II, cet enfant de Bordeaux, si attaché à sa ville natale, qui le lui rendait bien (²). Aussi, malgré la présence des Français dans le Médoc, malgré les préoccupations données par les préparatifs faits à ce moment pour reprendre la tour de Saint-Mambert (³), on ne va pas moins s'occuper de la *Cour supérieure.* Dès le 15 juillet 1378 (⁴), sont nommés juges de tous les appels civils, de quelque espèce que ce soit, les personnages suivants : l'abbé de Saint-Sever *(de Sancto-Severo)*, l'abbé de Bournet (⁵), le doyen de Saint-Seurin, le

---

(¹) Cette rubrique est ainsi formulée : « *La lettra cum lo ressort aya a demorar en Guasconha sens anar en Angleterra* », dans un inventaire des papiers de l'ancien hôtel-de-ville de Bordeaux qui se trouve au *Livre des Coutumes,* f° ccxxxx (Arch. municip.). — Il se trouve encore dans le manuscrit dit *Cartulaire de l'abbé Baurein,* f°ˢ 50 à 54, dans une pièce intitulée : « *Asso son las rubricas deus previlegis que sont a Sent-Ylegi. e commenssent par A. B. C...* » — La rubrique ci-dessus transcrite est portée dans cette pièce à la lettre G, art. 113, f° 52 v° (Arch. mun.).

(²) Fils du Prince Noir, né à Bordeaux, il était aimé des Gascons comme un des leurs. On l'appelait Richard de Bordeaux, même en Angleterre. (V. Froissard, t. III, p. 360 et suiv.)

(³) V. dans Rymer, t. III, part. 3, p. 126 et suiv., l'état des dépenses faites, en septembre 1378, pour préparer le siège de cette tour, moins célèbre par sa force militaire que par la supériorité des vins récoltés dans son enclos.

(⁴) V. lettres-patentes du 15 juillet 1378, dans Rymer, t. III, part. 3, p. 78.

(⁵) Notre-Dame-de-Bournet, en Angoumois. — L'abbé était alors Bernard Salmon, qui devint peu après abbé de Sainte-Croix de Bordeaux. Déposé plus tard par l'official de l'archevêque, comme ayant été la cause de la condamnation de Jean Colomb, comme complice de Guillaume de Pommiers, en 1375, il s'adressa à Richard II qui intervint en sa faveur par lettres royaux du 26 décembre 1384 et du 7 jan-

doyen de Saint-André ([1]), Archibald de Grailly, *capitaneus de Bogeo* ([2]), les sires de Lesparre ([3]) et de Duras ([4]), le connétable de Bordeaux, M° Raymond-Guillaume du Puy, déjà nommé, M° Pierre Fernand ([5]). — Il semble que ce soit comme une réorganisation de la Cour dont une partie seulement est renouvelée, par suite de certaines nécessités ou de certaines convenances qui nous échappent.

Il n'apparaît, du reste, par la suite d'aucune nomination nouvelle faite par Richard II pour la *Cour supérieure*. Bientôt ce prince va abandonner à son oncle, Jean de

vier 1385. (V. *Arch. hist.*, t. IV, p. 145 et 146. — V. encore t. XIII, p. 99.) — Du reste, comme ses prédécesseurs, Richard II se montra très prodigue de faveurs pour le clergé gascon. Il confirma les privilèges du chapitre de Saint-André (16 sept. 1380), recommanda les Frères Minimes de Saint-Émilion (17 mars 1382), accorda des privilèges aux vins de l'abbaye de Sainte-Croix (17 janv. 1384), enjoignit au seigneur de Lesparre de laisser les ecclésiastiques jouir de leurs privilèges (4 août 1388), etc.

([1]) C'était alors Pierre de Gualhart. (V. dans Baurein, t. IV, p. 89 et suiv., la liste des doyens de l'église Saint-André.)

([2]) Ce personnage qui est dit, en 1374, *capitaneus ville et castri de Campriaco*, et dénommé parfois *Arcambaldo de Greili*, n'est autre que *Archambault de Grailly*, fils de Pierre de Grailly et de Ayremburge de Périgord, lequel hérita, en 1377, du célèbre captal de Buch, Jean de Grailly, son neveu, et devint plus tard (1399) comte de Foix, par son mariage avec Isabelle de Foix. (V. Baurein, *Variétés*, t. III, p. 11 et suiv.)

([3]) C'est encore Florimond. (V. *suprà*, p. 18, note 6.) — Il était cousin germain du soudan de Latrau (maison de Preyssac), dont la petite-fille, Isabeau de Latrau, fut mariée à Bertrand, seigneur de Montferrand : d'où les prétentions des Montferrand à la seigneurie de Lesparre.

([4]) Sur les Durfort et la branche des seigneurs de Duras, V. Baurein, *Variétés*, t. III, p. 134 et suiv., p. 262 et suiv. — Bertrand de Durfort, allié à la maison de Gout, eut un fils, Aymericq de Durfort, qui fut appelé, vers 1340, à la succession de Régine de Gout, sa cousine, dont il eut les seigneuries de Duras, de Blanquefort et de Villandraut. C'est par lui que commença la branche des Durfort-Duras. (V. Baurein, t. VI, p. 81.)

([5]) P. Fernand était un jurisconsulte, ainsi qualifié dans un anniversaire qu'il fonda, le 10 janvier 1375, dans l'église de Saint-André de Bordeaux.

Lancastre, pour l'éloigner de lui, la souveraineté même
de la Guyenne qu'il faudra presque aussitôt, sous la pression des Bordelais, réduire à une simple lieutenance
générale (mars 1394). C'est en cette qualité que Jean
de Lancastre eut à connaître de l'appel que l'abbé de
Sainte-Croix et Bertrand de Calhau avaient fait de sentences rendues par les maire et jurats de Bordeaux,
ainsi que par le Prévôt de l'Ombrière en faveur de serfs
questaux de la paroisse de Saint-Seurin, revendiqués par
eux. Le duc de Lancastre ayant donné gain de cause aux
demandeurs en réformant les sentences des premiers
juges, les serfs questaux en appelèrent au roi lui-même.
Il est à remarquer que Richard II, au lieu de renvoyer le
jugement de cet appel à la *Cour supérieure*, crut devoir,
d'après une pratique très fréquente alors, le soumettre à
des commissaires spéciaux qui furent l'archevêque de
Bordeaux, M⁰ Jean de Viridare, docteur en droit, et
M⁰ Jean de Bordil, docteur ès lois (¹).

Avec l'avènement des Lancastres (²), la *Cour supérieure*
paraît prendre plus d'importance, en même temps que
plus de régularité dans son fonctionnement. A peine
monté sur le trône, Henri IV s'occupe, dès le 24 décembre 1399, de la reconstituer. On y retrouve cependant
bien des noms déjà signalés. Ce sont l'archevêque de

(¹) A ce moment, le roi d'Angleterre n'est pas le seul à vouloir
s'affranchir de la suzeraineté de la France. Le comte de Périgord, qui
tend à se déclarer indépendant, défend à ses vassaux d'appeler de lui
au roi de France, et, à l'exemple des rois d'Angleterre, il institue,
en 1388, à Périgueux, un juge d'appel pour connaître en dernier ressort
de toutes les affaires du pays. (V. Dessalles, *op. cit.*, p. 328.)

(²) Henry de Lancastre, fils de Jean de Lancastre et neveu du Prince
Noir, était devenu roi sous le nom d'Henri IV, le 30 septembre 1399,
par la déposition de Richard II. Cette violence faite au prince qu'ils
aimaient souleva la colère des Gascons, et, dès ce moment, le roi de
France dut penser à profiter de ces dispositions des Bordelais pour les
détacher de l'Angleterre. (V. Froissard, t. III, p. 360 et suiv.)

Bordeaux (¹), le sénéchal d'Aquitaine (Gaillard de Durfort, sieur de Duras, l'était depuis la veille, 23 déc.), le connétable de Bordeaux, Mᵉ Pèlegrin de Fau, docteur en décrets (²); Mᵉ Jean Embryn, doyen de Saint-André; le prieur de Saint-Jacques, le sire de Montferrand (³), Mᵉ Jean de Bordil *(de Bordili)*, docteur ès lois (⁴); Mᵉ Guillaume de Toill, citoyen de Bordeaux (⁵); Mᵉ Arnaud Mayan ou Mayanh, et Gérard Provost ou Prévost (⁶).

Mais déjà le xvᵉ siècle s'annonce plein de menaces, ce siècle qui doit finir par l'invention de l'imprimerie et la découverte de l'Amérique. L'épuisement, le découragement, le désespoir sont partout en présence de la férocité de la soldatesque, malgré des chefs tels que Dunois, Lahire et Xaintrailles. Si la France est à bout de force, les affaires des Anglais n'en vont pas mieux (⁷).

(¹) L'archevêque de Bordeaux était alors François II, surnommé *Hugocionio* (1389-1412). — Le même jour, 24 décembre 1399, il était nommé membre du Conseil royal de Guyenne. (V. Brequigny, t. XXII.)

(²) Il avait été l'un des négociateurs de la trêve de 1388 et de celles qui suivirent. Il était professeur en droit canon.

(³) C'est le puissant seigneur dont il sera souvent question par la suite. Il descendait d'Amaubin de Barès qui, au commencement du xivᵉ siècle, réunissait en sa personne les deux maisons de Barès *(in Baresio, — Ambarès)* et de Montferrand : V. Baurein, t. II, p. 302, et t. III, p. 388 et 389, où on trouve, comme seigneurs de Montferrand, se succédant de père en fils, après Amaubin de Barès (1250), Bernard de Barès (1300); Bertrand (1341); autre Bertrand (1380-1403), époux d'Isabeau de Preyssac ou de Latrau; autre Bertrand (1406-1460), époux de Rose d'Albret; Gaston de Montferrand (1497),etc.

(⁴) Plus tard J. de Bordil fut par lettres-patentes du même jour (15 juillet 1414) nommé à la fois garde du sceau de la *Cour supérieure* et chancelier du duché de Guyenne.

(⁵) Il pourrait bien être de la famille du « savi home mestre Ramon » Bernard deu Tolh, savi en dreit, » qui était témoin dans un acte du 12 décembre 1367.

(⁶) V. Rymer, t. III, part. 4, p. 174. — Gérard Prevost n'est autre probablement que Geraud Probost, maire de Libourne en juillet 1363, lequel figure dans le procès-verbal d'hommages cité *suprà*, p. 13, note 3.

(⁷) La mort de Richard, habilement exploitée par les agents français, avait surexcité dès lors dans la ville de Bordeaux les deux factions

En 1399, le Poitou, le Limousin, une partie du Périgord et de la Saintonge n'appartiennent déjà plus au roi d'Angleterre qui ne possède encore, avec le pays bordelais, que quelques places fortes sur la frontière du Limousin, et Lourdes, au pied des Pyrénées (1). Le roi Henri IV n'en prend pas moins le titre de *Regni Franciæ superior*. Son fils, Henri V, fera mieux. Il se fera donner par le malheureux Charles VI sa fille et son royaume après lui (1420). Il siègera royalement à l'hôtel Saint-Paul et à Vincennes. Jamais, a dit Michelet, la France ne sera descendue si bas.

ennemies qui tenaient l'une pour les Anglais, l'autre pour les Français. A quelque temps de là se produisait entre deux bourgeois de Bordeaux, Bertrand Usana et Jean Bolomère, le différend suivi plus tard du fameux duel qui eut lieu à Nottingham le 12 août 1407. (V. Baurein, *Variétés*, t. III, p. 139.) — Malgré la répulsion éprouvée par les Bordelais pour Henri IV, qu'ils accusaient d'avoir fait périr Richard II, ils ne montrèrent pas moins toujours beaucoup d'empressement à repousser les entreprises des Français. On le vit bien, en 1406, quand ces derniers, par une pointe aussi rapide qu'audacieuse, s'avancèrent jusqu'aux portes de Bordeaux et brûlèrent le château d'Ornon. Les jurats, non moins inquiets peut-être des trahisons possibles de l'intérieur que des attaques du dehors, déployèrent alors une remarquable activité. (V. Arch. mun., *Registres de la Jurade*, t. III, p. 9 et suiv.)

(1) V. Archives municipales, *Registres de la Jurade*, t. III, 1406 à 1409, *passim.* — A cette époque profondément troublée, se produisait la réclamation des consuls et habitants de Saint-Macaire qui, bien que mis en l'obéissance du roi de France, n'en continuaient pas moins à revendiquer leur ancien privilège de n'être « trais ne convenus hors du pais et seneschaucée » de Guyenne. Le juge d'Agenais ayant fait ajourner l'un d'eux, au mépris de ce privilège, ils s'adressèrent à Charles VI qui, le 7 octobre 1406, manda au sénéchal de Bordeaux, tout sujet qu'il fût du roi d'Angleterre, de leur faire justice conformément à leurs franchises. (V. *Arch. hist.*, t. X, p. 69.) — On peut rapprocher de là la difficulté élevée par les habitants de Saint-Macaire, celle qu'élevèrent quelques mois plus tard (11 janvier 1406/7) les habitants de Langon qui, bien que le comte d'Armagnac se fût rendu maître de Langon au nom du roi de France, refusèrent de prêter serment entre les mains de Bernard d'Albret, sénéchal du Bordelais, du Bazadais et des Landes, malgré la présence du capitaine de Langon pour le compte d'Armagnac, sous prétexte que s'étant soumis à ce dernier, ils n'entendaient prêter serment à nul autre sans son consentement. (V. *Arch. hist.*, t. X, p. 71.)

Il n'y avait donc pas à la ménager. Henri IV, convaincu d'un succès prochain, va s'empresser d'organiser en Guyenne une force de nature à répondre à ses aspirations. La *Cour supérieure* sera pour lui un instrument de gouvernement. On le voit bien dans le préambule de ses lettres-patentes du 19 juillet 1408 (¹) : « *Sciatis*, dit-il, » *quod nos, juxta debitum suscepti regiminis, omnibus et* » *singulis ad nos, ut ad regni Franciæ superiorem et dominii* » *ducatus Aquilaniæ et partium adjacentium querelanti-* » *bus, provocantibus et appellantibus desiderantes fieri ple-* » *num justiciæ complementum.* »

Ce complément de justice, Henri IV y pourvoira en donnant plus de consistance à la composition de sa *Cour supérieure*. Il y appelle en effet : Bertrand, sire de Montferrand ; Pons de Castillon (²) ; deux docteurs ès-lois, Jean

---

(¹) V. Rymer, t. IV, part. 1, p. 137.

(²) C'est sans doute le personnage qualifié de sire de Castillon dans un titre du 22 mars 1394, et de seigneur de Castillon et de Lamarque dans un autre titre du 9 février 1407/8. Sa fidélité au roi d'Angleterre ne fut pas à toute épreuve. Cependant Henri VI ne lui tint pas rigueur, et, le 28 avril 1423, il lui accordait, malgré ses rébellions antérieures, le droit de succéder aux biens qui lui avaient été légués par son grand-père et par d'autres. Deux ans après (7 mai 1425), il poussait la faveur jusqu'à le nommer sénéchal d'Agenais, et le chargeait de soumettre les re. elles de Guyenne. A cette occasion, Henri VI, agissant comme roi de France, enjoignait (23 oct. 1425) au Parlement de Paris, dont les audiences étaient alors suspendues, de recevoir le serment de Pons de Castillon, comme sénéchal d'Agenais. — Il appartenait à une famille ancienne et puissante, en Médoc. (V. Baurein, *Variétés*, t. I, p. 157 et suiv., et t. IV, p. 256 et suiv.). — Marié à Catherine de Rivière, il n'avait eu qu'une fille, Bourguine de Castillon, mariée elle-même, avant 1420, à Bertrand de Pardeilhan. De ce mariage naquit Pons de Pardeilhan-Castillon que l'on verra plus tard en procès avec les comtes de Foix et de Dunois, pour cette terre de Castillon. (V. IIᵉ partie, § III.) — Quant au Pons de Castillon de 1408 que nous avons laissé, en 1425, en pleine faveur auprès de Henri VI, il semble qu'à cette époque il eût déjà (septembre 1425) à se défendre de certaines entreprises, puisqu'à sa demande, ce roi nomme des arbitres pour statuer sur ses droits à la baronnie de Castillon. (V. Brequigny, t. XXIV.) — Dans tous les cas, il est certain que, vers 1430, toutes les seigneuries de la maison de

de Bordil, déjà nommé, et Pierre de Rivière *(P. Ripariæ)* (¹); Pierre Embaud, licencié en décrets, chanoine de Saint-André (²); enfin deux bacheliers en décrets, Mairal (*alias* Serpelli) (³), et Mᵉ Arnaud Mayan, déjà nommé.

Peu d'années s'écoulent, et il devient nécessaire de compléter la *Cour supérieure*. En 1413, Rampnol de Blaye, licencié ès-lois (⁴), remplace Pierre Embaud, démissionnaire pour cause de santé et de vieillesse (27 mars 1413) (⁵). — Le 28 juin suivant, Henri V nomme Jean Constans à l'un des *quatre offices* de juge en la *Cour supérieure* (⁶). — Le 6 janvier 1419-20, il nomme encore à l'un de ces offices (⁷) un bachelier ès-lois, Pierre Bosquet (⁸).

Malgré les succès des Anglais qui ont repris l'offensive sur le refus de la cour de France d'exécuter dans toute leur rigueur les conditions du traité de Brétigny, malgré la victoire d'Azincourt (1415), le roi d'Angleterre n'est pas

---

Castillon sont sous la main du roi d'Angleterre. Pons de Castillon s'était sans doute définitivement fait Français, comme on disait alors. — Ses biens, confisqués suivant l'usage, passaient en 1446 à Jean de Foix, comte de Candale; mais celui-ci s'étant peu d'années après retiré en Angleterre, Charles VII disposa à son tour de ces mêmes biens. (V. Baurein, t. II, p. 287.)

(¹) Il est dit *legum professorum* dans un acte de 1411. — Il avait été l'un des arbitres dans un compromis passé, en septembre 1393, entre Florimond de Lesparre et Archambault de Grailly. (V. Baurein, t. I, p. 230.)

(²) Originaire du Périgord, il avait été le prêtre familier de Pierre de Lacolta ou de La Cobra, évêque de Dax. Il avait fondé, tant pour ce prélat que pour lui-même, un anniversaire dans l'église de Saint-André de Bordeaux. Il était archiprêtre de Moulis (1396) et fut l'exécuteur testamentaire du chanoine et sous-chantre de Saint-André, Jean Martin.

(³) G. Mayralh, *alias* Serpelli, était chanoine de l'église de Bordeaux en 1411, et mourut en 1421.

(⁴) Rampnulfus, Ramnulf, Rainulf ou Nolot de Blaye, qui avait été nommé en même temps membre du Conseil royal de Guyenne, devint plus tard lieutenant du sénéchal d'Aquitaine. Il rentra à la *Cour supérieure* en 1423. Cependant, dès le 28 avril 1424, on le voit remplir les fonctions de juge en la cour de Gascogne. En 1433, il est dit juge de Gascogne.

(⁵) V. *Arch. hist.*, t. XVI, p. 101.

(⁶⁻⁷) V. Brequigny, vol. XXIII.

(⁸) Il devint clerc de la ville de Bordeaux en 1423.

sans inquiétude pour son duché de Guyenne. Il est, en effet, certain qu'on conspire à Bordeaux. Le 22 juin 1416, deux bourgeois ont été arrêtés..., « per so que haben » deit que quatre homes de la ciutat deben livrat la » ciutat aus Frances, et que dantz un mes sere Francesa. » Il y a, dès lors, plus que la tiédeur à l'égard des Anglais, même de la part des jurats qui sont en conflits incessants avec les officiers du roi, soit qu'ils entendent défendre leurs privilèges trop souvent contestés, soit qu'ils veuillent maintenir leur compétence judiciaire contre les entreprises de ces officiers. Ils n'ont cependant pas ménagé les sacrifices pécuniaires de la ville dans l'offensive énergique par laquelle Henri V a déjà fait rentrer sous la domination anglaise plusieurs parties de la Guyenne. C'est grâce à l'artillerie bordelaise qu'il s'est emparé de Rions, de Saint-Macaire, du château de Budos. Après sa mort, les Gascons contribueront encore, pour une large part, aux victoires qui signaleront les débuts du règne de son fils (¹).

Les Anglais n'en ont pas moins reculé, et grâce aux conquêtes des généraux de Charles VI, le Poitou, notamment, est dégagé depuis quelques années. La ville de Poitiers a pu ainsi devenir, dès 1418, le refuge des débris du Parlement de Paris qui, échappés aux massacres des Bourguignons, sont venus porter leurs services au Dauphin. Ce prince a pu, dès lors, composer une Cour connue depuis sous le nom du *Parlement de Poitiers* (²).

Qu'est devenue, au milieu de cette reprise des hostili-

(¹) V. Arch. mun., *Reg. de la Jurade*, t. IV, p. viii et suiv., p. 357 et suiv.

(²) V. *Ordonnances*, t. X, p. 459. — Les papiers de cette cour se trouvent aux Archives nationales, classés X¹ᵃ 9190. — Elle siégea de 1418 à 1436, époque à laquelle elle fut réunie à ceux de ses membres restés jusque-là à Paris, dans une réorganisation édictée par Charles VII. (*Ord.*, t. XIII, p. 216 à 236.)

tés, la *Cour supérieure* des Anglais [1]? Henri VI, proclamé, roi de France et d'Angleterre à Paris et à Londres, n'est qu'un enfant en très bas âge [2], sous la tutelle de ses deux oncles, les ducs de Bedfort et de Glocester. Ceux-ci ont de bien autres préoccupations que de s'assurer de l'administration de la justice en Guyenne. Cependant, en 1423, leur attention semble se porter sur la *Cour supérieure* dans laquelle ils vont introduire des éléments nouveaux, d'origine éminemment gasconne.

Par lettres-patentes du 13 juillet 1423 [3], ils y appellent comme juges : Pierre Artus, docteur en décrets, abbé de Saint-Pierre de l'Isle (en Médoc) [4]; Rampnol de Blaye, déjà nommé ; Bernard de Plagne ou de la Planche, docteur en décrets, prieur de Sainte-Marie de Soulac [5]; Élie de Faures, bachelier en décrets et abbé de Bournet; enfin, le plus célèbre de tous, Pierre Berland, bachelier en décrets, alors chanoine de Saint-André de Bordeaux.

Ces noms disent suffisamment le soin qui fut mis à composer la Cour de Gascons et de légistes. Les grands seigneurs sont cette fois absolument écartés, ainsi que les grands officiers de la couronne. Il semble qu'on veuille définitivement donner à la *Cour supérieure* un caractère plus approprié à sa mission, en même temps que flatter les sentiments des Gascons.

[1] M. Dessalles (*op. cit.*, t III, p. 82) va trop loin en affirmant qu'après la rupture du traité de Brétigny, il ne fut plus question de cette Cour.

[2] Né en 1421, un an avant la mort de son père, Henri VI fut longtemps sous la dépendance de son oncle, Jean de Bedfort, régent du royaume.

[3] *Arch. hist.*, t. XVI, p. 19. — Brequigny, vol. XXIII, donne à ces lettres-patentes la date du 15 juillet.

[4] Il était vicaire de l'archevêque de Bordeaux en 1422. — V. dans Baurein (t. II, p. 105 et suiv.) une notice sur l'abbaye de Saint-Pierre de l'Isle depuis 1079.

[5] Il était déjà, en 1421, prieur de Soulac et vicaire général de l'archevêque de Bordeaux. (V., sur l'ancien prieuré de Soulac, Baurein, t. I, p. 27 et 46.)

Les nominations postérieures, faites au cours du règne de Henri VI et jusqu'en 1451, maintinrent ce caractère, bien que d'une façon moins exclusive.

Par lettres-patentes du 13 mars 1433 (¹), furent nommés : Bernard de *Phanæa* (²), évêque de Dax ; Bernard de Biol, docteur en décrets, évêque de *Besatensis* (³) ; Élie de Faures, abbé de Bournet, déjà nommé ; Théobald d'Agès, docteur en décrets, doyen de Saint-André (⁴) ; Pierre-Arnaud de Vicomte *(de Vice-Comitatu)* doyen de Saint-Seurin (⁵) ; Vincent de Rive, docteur en

(¹) Rymer, t. IV, part. 4, p. 192.

(²) Ce doit être Bernard III Laplanche ou Laplaigne, *alias* de *Planca*, dont on a fait *Phanea*. Il a été évêque de Dax de 1427 à 1441, après avoir disputé son siège à Garcias de Lexagne. Tombé en disgrâce, il fut remplacé par ce dernier, nommé par la faveur du roi d'Angleterre qui, dès le 21 février 1433, l'avait appelé à son Conseil de Guyenne. — Quant à Bernard, il pourrait bien être l'ancien prieur de Soulac, nommé conseiller en 1423.

(³) C'est évidemment *Vasatensis* qu'il faut lire. Bernard I, évêque de Bazas, de 1419 à une date postérieure à 1430, fut remplacé, d'après le *Gallia*, par Henri-François de Cavier, conseiller du roi d'Angleterre, administrateur du couvent de Sainte-Croix de Bordeaux, et qui mourut le 18 novembre 1446. (V. *infrà*, p. 34, note 4.)

(⁴) Thibaud d'Agès est signalé par un grand renom de science et de piété, ainsi que l'attestait, du reste, l'inscription qui fut mise, en 1445, sur son tombeau placé dans l'une des chapelles de la cathédrale. Le tombeau a disparu avec bien d'autres (V. Marionneau, p. 67 et suiv.) ; mais l'inscription se trouve conservée grâce à Lopès et à Baurein (t. IV, p. 88), qui y ajoute de nombreux détails sur la maison d'Agès, laquelle datait du commencement du xvᵉ siècle et s'est éteinte vers la fin du xviiiᵉ, après avoir fourni des chevaliers et trois doyens de Saint-André. — Baurein a donné, à la suite, la liste des doyens de Saint-André depuis 1173. (V. *Variétés*, t. IV, p. 85 et suiv., p. 90 et suiv.)

(⁵) P.-A. de Vicomte ou de La Vicomterie figure en outre, en 1430 et après, comme chanoine de Saint-André. Il y avait encore dans ce chapitre un Bernard de Vicomte. — On a remarqué le grand nombre de chanoines de Saint-André nommés à la *Cour supérieure*. Ce chapitre n'avait en effet jamais cessé de témoigner de son attachement à la couronne d'Angleterre, et en novembre 1430, il avait même voté des fonds pour la défense du pays Cependant, à la faveur de provisions données par le Pape et même par l'archevêque de Bordeaux, il avait été reçu, depuis quelques années, parmi les chanoines et autres officiers de l'église de Saint-André, plusieurs ecclésiastiques natifs de pays

décrets, trésorier de Saint-André; Guillaume *Fulioronis*, bachelier ès lois, recteur de Lormont (¹). — Par les mêmes lettres étaient également nommés (*constitulis etiam*) : Jean de Jales, chevalier (²); Gaillard de Junquières, damoiseau (³); M⁰ Raymond de Saisterne, bachelier en décrets, et M⁰ Raymond Charles, également bachelier en décrets.

Le 26 juillet 1436, Henri VI, par deux ordonnances distinctes, ajoutait aux conseillers précédemment nommés, *una cum aliis judicibus Curiæ nostræ Superioritatis Aquitaniæ*, trois nouveaux magistrats : Henry Caen (⁴), docteur en décrets, évêque de Bazas, et Aquelin du Vigneau (*de Umehali* ou *Vineali*), prieur de Saint-Jacques, pour les causes civiles, et Bernard Angevin, le personnage bien connu, pour les causes criminelles (⁵).

De loin en loin, des nominations sont encore relevées jusqu'en 1446 (⁶). Ainsi, le 16 septembre 1442, Jean de

rebelles et même de pays ennemis. C'est contre ces tendances que Henri VI avait vivement protesté dans une lettre qu'il adressait, le 28 janvier 1430/31, au chapitre, pour se plaindre de l'admission « d'un » tiel ennemy, couvert, noury, en manere de serpent. » Il l'invitait en conséquence à ne plus recevoir les gens des pays rebelles avant qu'ils n'eussent obtenu abolition de leur rébellion, et ceux des pays ennemis avant qu'ils n'eussent fait serment de fidélité. Le roi avait terminé sa lettre en provoquant de la part du clergé bordelais un concours actif à la défense du duché. (V. *Arch. hist.*, t. XVI, p. 188.)

(¹) C'est probablement Guillaume Fulhois ou Fulherois *(Fulheronis)*, chanoine de Saint-André en 1435.

(²) D'une noble famille qui, vers cette époque, comptait notamment un prêtre de Saint-Michel et une marquise, abbesse du couvent de Sainte-Claire, à Bordeaux (1398).

(³) Après la mort de Gaillard de Junquières ou Junquères, il y eut dans sa famille plusieurs procès portés devant les *Grands-Jours* de 1456 et 1459. En 1363, un Élies de Junquières, écuyer, figure dans le procès-verbal d'hommage déjà cité. — Plus d'un siècle après, une dame Marguerite de *Jonqueyres* était épouse d'Arnaud Miqueu (1489).

(⁴) C'est sans doute Henri-François Cavier qu'il faut lire. (V. *suprà* note 3 de la page 33. — Il avait succédé à Bernard de Biol en 1433.

(⁵) V. Rymer, t. V, part. 1ʳᵉ, p. 33.

(⁶) V. Brequigny, vol. XXIV.

Ceretains (¹) *(de Corretanis)*, d'après les rôles gascons, docteur ès lois, chanoine de Saint-André et de Saint-Seurin, est nommé pour remplir le quatrième office de juge à la *Cour supérieure*. — Le 18 septembre 1445, c'est Aquilin du Vigneau, prieur de Saint-Jacques, déjà nommé en 1436, qui est encore appelé au même office, avec en plus la garde du sceau de la Cour. — Le 15 mars 1446, c'est Pierre de Mazères *(de Mazeriis)* (²) qui est aussi nommé conseiller. — Enfin la quittance donnée, le 1er mars 1447-48, par Étienne des Brosses (³), conseiller du Roi en sa *Cour supérieure* pour une année des gages de son office, révèle encore l'existence dans cette Cour d'un juge dont la nomination était restée inconnue, comme sans doute bien d'autres, par suite des lacunes laissées dans les documents.

Au surplus, les préoccupations, à cette triste époque, sont tournées d'un autre côté. Depuis 1425, les progrès des Français ont nécessité un effort suprême et les Gascons, qui ne se sont pas ménagés, n'ont pas trouvé dans les Anglais, travaillés par des dissensions intestines, les secours de plus en plus nécessaires (⁴).

(¹) Jean de Ceretains figure dans le chapitre de Saint-André, à la date du 26 juin 1445.

(²) Prêtre de Saint-André, P. de Mazères fut le familier de Pey Berland, chargé par lui de distribuer ses aumônes. Il fut aussi l'un des témoins de son testament. En 1435, il avait fondé une messe dans la chapelle Saint-Blaise, à Saint-André.

(³) E. des Brosses, bachelier *in utroque jure*, fut un des personnages les plus mêlés aux affaires de son temps. D'abord procureur fiscal du roi en Guyenne (13 juillet 1423), il devint plus tard juge civil et criminel en la Cour de Gascogne (26 février 1441-42), puis lieutenant du sénéchal de Guyenne (février 1447) avant de passer à la *Cour supérieure*. — Il était seigneur des terres de La Salle-d'Eyran et de Pis.

(⁴) V. Archives municipales, *Registres de la Jurade*, t. IV, aux dernières séances de 1421 et 1422, notamment les lettres échangées entre Henri V et les jurats.

On est arrivé aux dernières convulsions de la plus sombre époque de notre histoire. Sous le coup de malheurs sans exemple, le monde avait désespéré. Des fléaux de toutes sortes : la guerre, la dévastation (¹), la famine, jusqu'à la peste noire, avaient ruiné et dépeuplé le pays pendant un siècle. Toute autorité avait disparu. Si les rois étaient sans force, le grand schisme d'Occident avait achevé de troubler les esprits cherchant au moins une consolation et un appui dans leurs croyances (²). La guerre de Cent ans va enfin cesser, l'élection du pape Martin V a déjà mis fin au schisme, la crise suprême approche ; ce ne sera pas trop tôt.

En juin 1444 (³), de nouvelles trêves, imposées par l'épuisement des deux adversaires, étaient conclues. Le faible Henri VI épousait Marguerite d'Anjou et il ne sembla plus dès lors faire la guerre qu'à contre-cœur. Bientôt Bordeaux tiendra seul pour les Anglais. Comme il importait de conserver au moins les apparences d'un pouvoir désormais perdu, c'est pendant cette période que se produisirent les dernières nominations faites à la *Cour supérieure*.

Dans tous les cas, il résulte évidemment de ce qui précède une preuve suffisante de l'existence de cette Cour

(¹) On peut se faire une idée de la dévastation et de la dépopulation des campagnes de la Guyenne, en consultant, dans le tome XXII, p. 643 et suiv., des *Archives historiques*, le résumé fait par M. Leo Drouyn, d'après les *Comptes de l'Archevêché au xive siècle*. On y verra, par le détail, quantité d'églises détruites, de terres laissées sans culture, de paroisses ne présentant plus qu'un vaste désert.

(²) C'est à ce moment, en 1429 d'après Gaufreteau, en 1435 d'après de Lurbe, que se produisirent autour de Bordeaux une infinité de sorciers et de sorcières, accusés d'empoisonnements et de maléfices. On en exécuta beaucoup par la corde et par le feu.

(³) C'est en cette année qu'eut lieu, sur la place du château de l'Ombrière, le fameux duel entre le Français Bertrand de Castetja et l'Anglais Bertrand Grimont, champions de la France et de l'Angleterre. (V. Gaufreteau, t. I, p. 14.)

jusqu'aux derniers jours de la domination anglaise. Cette preuve sera confirmée encore par les nombreux mandements qui lui furent adressés jusqu'à la veille de la crise finale, ainsi qu'on le verra *infrà*, § III.

Essayons maintenant de donner une idée de son fonctionnement.

II. — Organisation intérieure; attributions.

Dans la pensée d'Édouard III, la *Cour supérieure* qu'il instituait en Guyenne devait être l'image du Parlement de Paris, puisqu'elle allait le supplanter dans les habitudes des Gascons.

Aussi parut-il, dès l'abord, vouloir la composer de grands personnages de tous ordres et de quelques légistes en droit civil et en droit canon (¹), à l'imitation du Parlement de Paris où avaient droit de siéger les pairs du royaume.

Mais cette foule de personnages ne pouvait évidemment satisfaire aux nécessités d'une administration régulière de la justice, et la *Cour supérieure* dut, par la force même des choses, se constituer peu à peu avec les éléments que comporte toute juridiction. Il semble même, comme on va le voir, que, dès le commencement du XVe siècle, il n'y eût plus que quatre offices de juge dans cette Cour.

Si les documents ne révèlent aucun officier remplis-

(¹) On a remarqué que, par la suite des temps, les nominations de docteurs et bacheliers en droit civil et en droit canon étaient devenues de plus en plus fréquentes. C'est que, depuis une époque reculée, l'étude du droit canon était très répandue dans le clergé gascon. Elle reçut un accroissement important par la fondation du collège de Saint-Raphaël faite par Pey Berland en 1442. (V. Baurein, *Variétés*, t. VI, p. 30.)

sant auprès d'elle les fonctions du ministère public, il est
cependant à croire qu'un procureur royal (1) y représen-
tait la puissance souveraine.

On est moins embarrassé d'affirmer qu'il y eut un
président.

Le premier personnage qui soit signalé comme président de la *Cour supérieure*, à la date du 19 juillet 1397,
est un Anglais de haute marque, Henry Bowet, docteur
ès lois, qui devenait bientôt après, en 1398, connétable
de Bordeaux, et plus tard, successivement, évêque de
Bath et de Wels, puis archevêque d'York (2).

Dans tous les cas, il est probable que c'était au chancelier du duché de Guyenne que revenait la présidence
de la *Cour supérieure*. Il était en effet le premier magistrat de la province et, quoique pris dans la classe des
légistes, en vertu d'une règle depuis longtemps posée et
suivie (3), il avait une importance égale aux plus hauts
personnages. Avec l'institution de la *Cour supérieure*, son
rôle avait même grandi et à son titre de chancelier du
duché de Guyenne s'était joint celui de garde du sceau
de cette Cour (4). C'est en cette double qualité que furent
nommés l'abbé de Saint-Maxence (16 avril 1372), Me Jean

(1) M. Rabanis affirme, sans dire sur quel fondement, que la *Cour
supérieure* avait un chancelier, un procureur royal et un greffier en
chef. — La plupart des renseignements qui suivent sont empruntés
soit à Rymer, soit au *Catalogue des rôles gascons,* soit à Brequigny,
vol. XXII, XXIII, etc.

(2) Henry Bowet, seigneur d'Ornon, avait été clerc de Henri IV, qui
le combla de ses faveurs. Le 18 février 1400-1, pour le récompenser des
sommes importantes qu'il lui avait prêtées, il lui donna de nombreux
biens et droits confisqués ou pris sur divers. (V. *Arch. hist.,* t. XVI,
page 144.)

(3) Depuis 1323, il avait été accordé, pour le plus grand avantage des
Gascons, « que un suffisant sage en loy ecrite... » fut « chancelier et
» gardein du scel... » (V. Rymer, t. II, part. 2, p. 62.)

(4) Rymer, t. II, part. 2, p. 84.

Bordil, docteur ès lois (15 juillet 1414), Bernard Angevin (en 1438), et Bernard Auger (28 mars 1446).

Pour le greffe, on connaît au moins deux titulaires de cet office. Le 16 mars 1399, il avait été donné à vie à un clerc, Bernard de Saint-Paul. — Le 2 mai 1419 (¹), il passa au célèbre Bernard Angevin, clerc du Conseil royal de Guyenne, et qui, après avoir été successivement garde du petit scel à Bordeaux (6 janvier 1419/20), conseiller en Guyenne (20 février 1433-34), conseiller en la *Cour supérieure* en 1436, chancelier de Guyenne en 1438, après avoir reçu de Henri VI, entre autres seigneuries, celles de Rauzan et de Pujols, fut enfin l'un des signataires de la capitulation de 1451 (²). On peut juger par là ce qu'a été la fortune de certains Gascons auprès des rois d'Angleterre.

Quant à la garde et conservation des minutes de la Cour, elle appartenait de droit au Connétable de Bordeaux qui était le dépositaire officiel des papiers des diverses juridictions royales de cette ville. C'est au château de l'Ombrière, dont il était le gouverneur, que ces papiers devaient être remis par les clercs et greffiers qui se démettaient de leurs offices (³). Notons encore qu'il y avait alors,

---

(¹) D'après les rôles gascons, ce serait seulement le 7 juillet 1424 que Henri VI aurait concédé à B. Angevin cet office de greffier : *officium scribaniæ curiæ superioritatis.*

(²) V. sur ce personnage qui, de simple clerc, devint l'un des plus puissants seigneurs d'Aquitaine, *Arch. historiques*, t. I, p. 13, note 4. La petite-fille de l'humble clerc de 1419, Jeanne Angevin, épousa par la suite (vers 1476) Jean de Durfort, fils de Gaillard de Durfort, seigneur de Blanquefort. Plus tard, l'un des enfants de ce mariage, Jean de Durfort, ayant été institué légataire universel par son aïeul maternel, Bernard Angevin, les seigneuries de Pujols, de Rauzan et d'autres de même origine, passèrent dans la maison de Durfort. (V. Baurein, t. III, p. 234 et 265.)

(³) Sur les attributions du Connétable, V. Baurein, *Recherches sur l'ancien connétable de Bordeaux.*

dans la rue des Ayres, une maison dite *la Garde-robe du Roy*, où se tenaient les clercs chargés de dresser les chartes et de veiller à la conservation des actes de l'autorité royale : *sic* Baurein, d'après Ducange qui appelle *camera clericorum* le lieu où se tenait le *Custos Gardœ raubœ domini regis (Angliœ)*, et qui cite deux extraits de l'ancienne comptablie de Bordeaux.

On a remarqué la fréquence des nominations de conseillers : d'où on a cru pouvoir induire le renouvellement périodique des membres de la Cour (1). Mais rien ne permet de croire à cette périodicité que repoussent d'ailleurs les nominations faites à des époques très variables. On voit, au contraire, Édouard III, tout en nommant de nouveaux juges (17 avril 1372), maintenir cependant ceux précédemment nommés : « *Judices tamen alios,* » *per nos aut auctoritate nostra ad prœmissa antea depu-* » *tatos, tenore presentium revocare non intendimus neque* » *volumus quovis modo, nisi per alias litteras nostras eos* » *expresse duxerimus revocandos.* »

Non seulement les juges précédemment nommés sont formellement maintenus, mais il est dit que les membres de la Cour ne pourront jamais être révoqués que par une déclaration expresse. — La même règle a été suivie par les successeurs d'Édouard III, et toutes leurs ordonnances de nominations se terminent de la même façon ou d'une façon analogue... « *quamdiu nobis pla-* » *cuerit...* », disent Richard II (15 juillet 1378), Henri IV (24 déc. 1399) et Henri VI (26 juillet 1436).

On s'explique difficilement le fonctionnement d'une cour judiciaire avec un nombre si considérable de magistrats, incessamment augmenté par de fréquentes nomi-

---

(1) C'est l'opinion de M. Rabanis.

nations. Mais il est fort douteux que, pour la plupart
des juges nommés, l'assiduité aux audiences fût même
possible, à raison soit des autres fonctions dont ils étaient
investis, soit de la distance où ils se trouvaient du siège
de la Cour. Aussi voit-on, dès les premières ordonnances
de nomination, qu'il est expressément pourvu à cette
situation par la désignation d'un certain nombre de
juges dont la présence est impérieusement exigée. Ce
n'est pas seulement un *minimum* variant, suivant les
époques, entre 4, 3 et 2 juges nécessaires, mais le plus
souvent, dans ce *minimum*, la présence de certains juges
(1, 2 ou 3), nominativement désignés, est rigoureusement
commandée.

Si, en effet, Édouard III n'avait d'abord (1er jan-
1369/70) fait à cet égard aucune précision, en donnant
tout pouvoir à chacun des juges qu'il nommait : « ... *vos*
» *omnes simul et vestrum quem libet separatim... nos*
» *constituimus...,* » il n'avait pas tardé à sentir la nécessité d'une réglementation plus précise. Aussi, dès le
17 avril 1372, il exigeait la présence de quatre juges au
moins, et indiquait même ceux des juges dont la présence serait toujours nécessaire : « *Volumus simul et*
» *qualuor vestrum (quorum vos archiepiscopus Burdega-*
» *lensis, episcopus Pictavensis, Cancellarius, et duos*
» *baroni, semper ad minus præsentes esse volumus)... cons-*
» *tituimus.* »

L'année suivante (12 avril 1373), Édouard III ne paraît
plus exiger qu'un *minimum* de trois juges : « ...*Vobis*
» *quatuor et tribus vestrum (quorum vos Robert de Wik-*
» *fort, doctor in utroque jure)... committimus.* » Il en est
de même en 1375 où le Connétable est nominativement
désigné pour être l'un des trois juges nécessaires.

Sous Richard III (15 juillet 1378), c'est encore, avec

un minimum de trois juges, que la présence du Connétable est impérieusement exigée.

Sous Henri IV (19 juillet 1408), une distinction se
produit : il faut trois juges au moins pour les jugements
définitifs et deux seulement pour les interlocutoires;
mais, dans ces nombres, doivent nécessairement se trouver les magistrats nominativement désignés : « *quorum*
» *trium, J. Bordeli, P. Ripuariæ, seu aliàs A. Mayani,*
» *unum definitiva, sive duorum interlocutaria sint esse*
» *volumus...* »

En 1423 et 1433, Henri VI n'exige plus, sans aucune
distinction des jugements à rendre, qu'un minimum de
trois ou même de deux juges seulement : « *Tres vel duos* ».
En 1423, le chanoine Pey Berland est désigné pour être
l'un des deux (¹).

La *Cour supérieure* avait reçu, dès son institution, les
attributions les plus étendues, *plenam auctoritatem*, tant
en matière civile qu'en matière criminelle, et pour toutes
sortes d'affaires, tant réelles que personnelles ou mixtes,
et elle devait juger *secundum leges, foras et consuetudines*
ipsarum partium.

Elle avait même été, par les lettres-patentes du
1ᵉʳ janvier 1469/70, spécialement chargée de statuer sur
les appels venus de la Cour des Grands-Jours du Prince
Noir : « ... *de omnibus et singulis appellationum causis*
» *et negotiis..., a Curia carissimi primogeniti nostri,*
» *principis Aquitaniæ... jam emittis.* »

Dans la suite, les lettres-patentes disent parfois expressément si les juges sont nommés pour les causes civiles

---

(¹) Il semble même résulter des termes de certaines ordonnances
que, dès 1413, il n'y eut plus que quatre offices de juge dans la *Cour*
supérieure. — V. *suprà*, pages 30 et 35 les nominations de Jean
Constans (1413) et de Jean de Ceretains (1442).

ou pour les causes criminelles (19 avril 1375, 15 juillet 1378, 26 juillet 1438...). Faut-il en induire, comme l'a pensé M. Rabanis, que la Cour avait été divisée en deux chambres: l'une civile et canonique et l'autre criminelle? Quelque vraisemblable et rationnelle que cette division puisse paraître, en admettant qu'elle ait pu se produire avec le temps, par la force même des choses, rien cependant ne permet de l'affirmer.

Ce qui est plus certain, c'est que la *Cour supérieure* était tenue de juger d'après les lois et usages du pays et même des parties litigantes : « *Secundum leges, foras et* » *consuetudines ipsarum partium,* » a dit Édouard III (1er janvier 1369-70); « selon les loys divins et humeins, » et dudit païs, » dira plus tard Henri VI, qui lui recommandera en outre de « ne espargner grant ne petit » (21 mars 1433) (1). — La politique des rois d'Angleterre, toujours pleine de ménagements pour les Gascons, devait se retrouver en cette matière, comme dans les autres parties de l'administration du duché.

Les juges de la *Cour supérieure* étaient donc tenus d'observer dans leurs décisions les prescriptions des lois et usages du pays. Ils devaient même suivre les formes de procédure usitées jusque-là. — La personnalité des lois étant alors la règle universellement acceptée, ils

______

(1) *Archives historiques*, t. XVI, p. 308 et suiv. — Par les mêmes lettres-patentes, Henri VI déclare que, quant à l'administration de la justice, pour les juges civils et criminels « en la Cour de la souveraineté de nostre dit duchie de Guyenne », il y a pourvu et ordonné par lettres-patentes sur ce faites. — J'ai vainement recherché ces lettres qui auraient jeté quelque jour sur le fonctionnement de la *Cour supérieure.* — On remarquera, en effet, qu'il n'est rien dit des procureurs et des avocats, ces auxiliaires habituels de toute juridiction. Il y avait cependant alors des avocats plaidant devant les maire et jurats en la Cour de Saint-Éloi, et tenus comme tels (1376 à 1389) de prêter tous les ans le serment professionnel. (V. Arch. mun., *Livre des Bouillons,* p. 518.)

avaient à appliquer, suivant la qualité des plaideurs, *secundum leges... ipsarum partium*, l'une des coutumes admises dans le duché. Ces coutumes étaient nombreuses. On en comptait onze principales : celles de Bordeaux, de Bayonne, de Dax, de Labourt, de Saint-Sever, d'Agen, de Limoges, de Saint-Jean-d'Angély, puis l'usance de Saintes, celle de Marsan et les statuts de Bergerac. — Ces coutumes étaient suivies comme des lois. Dans le silence de l'une d'elles, quant au point à juger, on recourait aux autres, et, en définitive, à la raison naturelle et au droit écrit, c'est-à-dire au droit romain [1] : « Selon les lois divines et humaines, et celles du pays, » a dit Henri VI.

Il y avait aussi à se conformer à la pratique judiciaire suivie dans le duché. C'était là un point auquel les habitants attachaient une grande importance. Tout ce qui concernait l'assignation devant le juge, les jugements par défaut, la poursuite des débiteurs, les saisies, les exécutions, avait été depuis longtemps réglé, notamment par la coutume de Bordeaux (art. 73, 137, 152, 156, 208 et suiv.). Il en résultait que les juges de la *Cour supérieure* avaient dû, pour la poursuite des procès portés devant eux, se conformer aux « stilles et communes observances » introduites avec le temps dans le duché. On y tenait beaucoup, surtout à l'hôtel-de-ville de Bordeaux, ainsi que le prouvèrent plus tard les réclamations élevées par les maire et jurats [2].

Ce n'est pas que, sous l'influence du clergé qui était prépondérante en Guyenne, bien des règles empruntées au droit canonique ne se fussent peu à peu introduites

______

[1] V. les frères Lamothe, *Coutumes du ressort du Parlement de Guyenne*, Avant-propos, p. xix et suiv.

[2] Couf. *Archives historiques*, t. IX, p. 397 et suiv.

dans la pratique judiciaire; mais ces empiétements étaient depuis longtemps acceptés (¹). Il y avait eu même des usurpations plus sérieuses faites sur les juridictions laïques (²) par la juridiction ecclésiastique (³), laquelle s'était ingérée à nommer des tuteurs, à connaître de la validité des testaments, à instituer des notaires, à faire dresser des inventaires, au point qu'on pourra dire plus tard qu'au temps des Anglais il n'y avait pas grande justice temporelle et que les gens d'église gouvernaient tout (⁴). — On ne pouvait évidemment attendre la réforme de ces abus de la part de la *Cour supérieure* composée, à toutes les époques, d'un grand nombre, sinon d'une majorité d'ecclésiastiques de tous ordres.

Relativement aux gages des juges de cette Cour, les

(¹) Montesquieu, *Esprit des Lois*, liv. XXVIII, ch. 40 et 41, a donné la raison historique de cet état de choses au moyen âge. « La puissance » civile étant entre les mains d'une infinité de seigneurs, dit-il, il avoit » été aisé à la juridiction ecclésiastique de se donner tous les jours plus » d'étendue; mais, comme la juridiction ecclésiastique énerva la juri- » diction des seigneurs, et contribua par là à donner des forces à la » juridiction royale, la juridiction royale restreignit peu à peu la juri- » diction ecclésiastique, et celle-ci recula devant la première. » — Maintenant, pourquoi les tribunaux laïques, abandonnant les formes judiciaires du moyen âge, prirent-ils celles du droit canonique ou des décrétales, plutôt que celles du droit romain? Montesquieu va encore nous le dire : «...Lorsque dans ces tribunaux on voulut changer de » pratique, on prit celle des clercs, parce qu'on la savoit, et on ne prit » point celle du droit romain, parce qu'on ne la savoit point : car, en » fait de pratique, on ne sait que ce que l'on pratique. »

(²) Michelet, parlant de la fiscalité exécrable des tribunaux laïques au xııᵉ siècle, ajoute : « On est obligé d'avouer que la juridiction ecclé- » siastique était alors une œuvre de salut. Elle pouvait épargner des » coupables; mais combien elle sauvait d'innocents! » Deux siècles après, la situation s'était encore assez peu modifiée.

(³) Il avait été fait cependant une concession importante aux Borde- lais. Ils avaient obtenu, le 12 janvier 1378, du pape Grégoire XI, la dispense de se rendre aux citations des juges ecclésiastiques, en cas de danger pour leurs personnes. (V. Arch. mun., *Livre des Bouillons*, page 273.)

(⁴) V. *Archives historiques*, t. IX, p. 45, 46, 343.

documents n'apportent aucune précision. Si Henri VI veut que ses conseillers et officiers de Guyenne soient préférés à tous autres pour le paiement de leurs offices (¹); rien ne dit quels étaient ces gages, ni sur quelle recette ils étaient assignés. — Ordinairement, les sénéchaux et autres officiers n'étaient pas rétribués, mais ils percevaient, pour leurs gages, certains droits distincts des nombreux droits de greffe et droits de sceau qui étaient perçus sur les plaideurs (²). — La formule employée par Henri VI laisse à cet égard dans l'incertitude; cependant, il est à remarquer que, le 1er mars 1447, c'est au Connétable de Bordeaux que le conseiller Étienne des Brosses donnait quittance d'une année des gages de son office; d'où l'on pourrait induire que les gages des conseillers de la *Cour supérieure* étaient payés comme ceux des membres du Conseil royal de Guyenne (³).

Dans tous les cas, si Henri VI assure aux juges de la *Cour supérieure* le paiement de leurs gages, il entend que, pas plus eux que les autres officiers de justice, ne se laissent entraîner à un abus scandaleux qui était alors très fréquent dans toutes les juridictions, surtout dans les juridictions inférieures. Certains juges royaux, en effet, ne se faisaient pas scrupule d'accepter des gages ou pensions des seigneurs. Sans doute, les personnages importants qui composaient la *Cour supérieure* devaient être au-dessus de pareils agissements. Néanmoins, les défenses faites, de par le roi, dans une lettre

(¹) V. lettres-patentes du 23 mars 1433.

(²) V. Delpit, *Collect. des documents français*, etc., Introd., p. ccxxv.

(³) Il n'y a pas de doute pour les gages des membres de ce Conseil. Ainsi, le 16 mai 1436 (*Arch. hist.*, t. XVI, p. 233), Henri VI mande au Connétable de Bordeaux de payer à Me Arnaud Carles, nommé membre de ce Conseil, les gages qui lui sont dus, « *solvendis de reddilibus et exitibus Castri nostri Burdegalensis.* » Il indique même comment ce paiement, mandaté par le Sénéchal, devra être régularisé.

au Conseil de Guyenne, du 21 mars 1433 (¹), sont générales : « Ordonnons, y est-il dit, que cy en avant, n'y ait
» par de là aucun nostre consseiller, justicier ou officier,
» quelque il soit, prenant de nous salaires, gaiges ou
» pencions, qui soit si hardi, de prendre des seigneurs de
» par de là, soient spirituelz ou temporelz, autres pen
» sions, gages ou salaires ordinaires, ne lui facent ser
» ment en aucune maniere, sur peine d'estre depoincte
» de l'état et office qu'il auroit de nous, et d'estre pugny
» au surplus, selon l'exigence des cas... »

Mais si le Roi se montre justement sévère contre les officiers prévaricateurs, il entend prendre sous sa sauvegarde les personnes, les familles et les biens de tous ceux qui le servent loyalement (²).

Édouard III et ses successeurs, en appelant dans la *Cour supérieure*, pour en relever l'importance, les personnages les plus notables du duché de Guyenne, lesquels faisaient ou avaient déjà fait partie du *Conseil royal de Gascogne,* a amené une confusion manifeste entre ces deux hautes institutions (³). On remarque, en effet, nombre de personnages qui passent de l'une à l'autre ou même appartiennent à toutes deux à la fois, comme Rampnol de Blaye qui, en 1413, était à la fois membre de la *Cour supérieure* et du Conseil royal. Mais ce qui, plus encore que ce cumul de fonctions, très fréquemment reproduit, a ajouté à la confusion, c'est que le Conseil royal avait, depuis une époque reculée, des attributions à la fois judiciaires et administratives à la

(¹) V. *Arch. historiques,* t. XVI, p. 305.
(²) V. lettres-patentes du 20 juillet 1430 (*Arch. hist.,* t. XVI, p. 197).
(³) Baurein, *Recherches sur l'ancienne administration de la justice dans Bordeaux...,* est tombé dans cette confusion, et M. Rabanis, après lui, a fait de même, quand, à propos de la *Cour supérieure,* il ajoute : on l'appelait encore le haut conseil, *altum concilium.*

façon d'un Conseil d'État. Représentant du Roi dans toutes ses prérogatives, il avait la haute main sur les juridictions du duché, et ne faisait faute, en certaines circonstances, d'évoquer les causes civiles qu'il jugeait définitivement. C'est ainsi qu'en 1381, il statua sur l'appel de la dame d'Ornon contre le syndic des Carmes. Il n'avait pas une autorité moindre dans toutes les autres affaires du duché. En 1314, il avait ratifié la transaction entre les jurats de Bordeaux et le prévôt de l'Ombrière, *de communi assensu totius regalis consilii Vasconiæ.* — En 1378, ce conseil faisait divers règlements pour les droits du juge de Gascogne et d'autres juges ([1]).

Comme on le voit, même après l'institution de la *Cour supérieure*, le Conseil royal n'avait pas moins conservé ses anciennes attributions, et l'on s'explique comment le personnel de ces deux institutions pouvait souvent se confondre, étant recrutées, l'une et l'autre, dans le même milieu et comme aux mêmes sources.

Une autre confusion qui ne saurait être faite, c'est celle qui appliquerait à la *Cour supérieure* la dénomination, aussi ancienne que fréquemment reproduite dans

---

([1]) V. Archives municipales, *Livre des Bouillons*, p. 383 et suiv. — Ces règlements se trouvent dans une longue ordonnance, en date du 16 mai 1378, dans laquelle il est dit que, pour mettre fin aux difficultés qui se sont élevées au sujet des salaires des officiers du Roi, il est ordonné à ceux-ci de se conformer au tarif qui fixe, avec détails, ce que doivent prendre : le Juge de Gascogne et son greffier; — le Prévôt de l'Ombrière et son clerc; — le Garde ou Exécuteur du scel et du contre-scel; — le Garde du petit sceau des *hostatges;* — le portier du château de l'Ombrière. — Diverses dispositions réglementaires sont à la suite. On y remarque que, dès cette époque, il était enjoint au Prévôt de l'Ombrière d'avoir un greffier et de ne pas tenir lui-même cet office. Injonction était également faite aux clercs des diverses cours de remettre, un mois après la fin de leurs offices, tous leurs papiers et registres au Château de l'Ombrière. — Ces diverses dispositions se retrouveront plus tard dans les ordonnances rendues aux mêmes fins, en 1454, par les commissaires chargés par Charles VII de réformer l'administration de la justice en Guyenne. (V. *infrà,* III⁰ partie.)

tous documents de l'époque, de *Cour de Gascogne* ou de *Cour du Juge des appels de Gascogne*. Ce titre rappelait, de toute antiquité, un juge qui était devenu le principal instrument de la justice dans le duché [1]. Avec le temps, on le vit assisté de lieutenants, de subdélégués ou assesseurs *(Judices Curiæ Vasconiæ)*, formant avec lui cette cour [2], qui a laissé des traces si profondes dans nos Archives. C'est à lui que sont déférés tous les appels civils et criminels de diverses juridictions du duché, du moins en principe; c'est lui qui soutiendra la lutte de la juridiction royale contre les juridictions féodales et ecclésiastiques, et qui videra définitivement les conflits de juridiction [3]. — Même après la création de la *Cour supérieure*, la Cour de Gascogne ne perdit rien de son importance, si bien qu'en 1399, par deux lettres-patentes distinctes, données le même jour, la composition de l'une et de l'autre de ces Cours fut réglée par le roi Henri IV [4] et que, par la suite, il arriva souvent non seulement que des membres de la Cour de Gascogne passèrent à la *Cour supérieure*, mais que même des membres de celle-ci passèrent à l'autre, sans qu'aucune confusion pût se faire entre ces deux juridictions.

[1] Conf. Baurein, *op. cit.*; Brissaud, *op. cit.*, page 46; les frères Lamothe, *Coutumes*, p. xxix. — Il semble qu'alors le Juge de Gascogne fût regardé comme le lieutenant du Sénéchal, la plus haute autorité du duché, mais seulement pour le fait de la justice. Ainsi, le 24 décembre 1409, Bernard d'Asta, juge de Gascogne, déclarait agir comme lieutenant du Sénéchal dans un procès-verbal de prestation de serment au roi d'Angleterre. (V. *Arch. hist.*, t. XVI, p. 158.)

[2] Aussi était-il de style d'insérer dans les sentences du Juge de Gascogne cette formule: « *Habitoque prius per nos consilio et avisa-* » *mento cum libris et peritis in jure et consuetudine et aliis nobis assis-* » *tentibus in dicta curia Vasconiæ, per judicium totius curiæ atque* » *nostrum processimus et dictam nostram sententiam protulimus in* » *hunc modum.* »

[3] Arch. mun., *Registres de la Jurade*, t. IV, p. ix.

[4] V. Rymer, t. III, part. 4, p. 174.

Il est intéressant de savoir comment les rois d'Angleterre distinguaient et classaient les plus hautes autorités de leur duché de Guyenne.

La première de toutes était le Sénéchal d'Aquitaine (1); — venaient ensuite le Connétable de Bordeaux (2) et la *Cour supérieure;* — puis la Cour de Gascogne, le Prévôt de l'Ombrière, le Conseil royal, et enfin tous les autres juges (3). — Quant au Chancelier du duché de Guyenne, quelle que fût son importance, rien ne permet de dire le rang qui lui était assigné.

(1) C'était le premier officier du roi en Guyenne. Du temps des Anglais, il n'y eut jamais dans ce duché qu'un seul sénéchal appelé le *grand Sénéchal de Gascogne.* (V. Baurein, *Variétés,* t. I, p. 319.) — Longtemps après, il n'y avait encore qu'un seul sénéchal en Guyenne, ainsi qu'il résulte des ordonnances rendues en 1454 par les commissaires de Charles VII. (V. *infrà,* IIIe partie, § III.) — Le Sénéchal devait alors aller à des époques fixes tenir des assises au pays bordelais, au pays bazadais, en la prévôté de Saint-Sever, en celles de Dax et de Bayonne. Il avait dès lors un lieutenant pour le suppléer au besoin. Il était même tenu d'avoir un lieutenant spécial pour le pays des Landes et outre-Landes. Ce lieutenant ne tarda pas à prendre le titre de sous-sénéchal, et même de sénéchal, et c'est ainsi que, par des démembrements successifs de l'ancienne sénéchaussée de Gascogne, se sont formées les diverses sénéchaussées de la Guyenne qu'on trouvera plus tard. Cependant, il résulte de certains documents que, dès 1259, il y avait, en Périgord, un sénéchal dont les pouvoirs auraient été si étendus, qu'il aurait connu de tous les appels des domaines du roi en Guyenne. (V. Dessalles, *Histoire du Périgord,* t. II, p. 249.)

(2) V. sur ce haut fonctionnaire, successivement désigné sous les noms de *Constabularius, Capitaneus Castri Burdegalæ,* Connétable, Comptable, ce qu'en dit Baurein, *op. cit.* — Ses fonctions étaient, du reste, très complexes. Gouverneur du château de l'Ombrière, gardien des papiers des diverses juridictions royales, il était l'administrateur des revenus du roi en Guyenne et du domaine royal, et, comme tel, il était plus que tout autre l'homme du roi.

(3) « *Henricus... Senescallo nostro Aquitanie, Constabulario nostro » Burdegalc, et eorum locatenentibus, judicibus curie nostre superioritatis » ejusdem ducatus, ac judicibus nostris curie nostre Vasconie, Preposi- » toque Umbrarie nostre Burdegalc, nec non concilio nostro in ducatu » predicto, ac omnibus aliis judicibus...* » (V. Mandements des 12 et 16 février 1448, *Arch. hist.,* t. XVI, p. 349 et 352.)

Les plus élevés des fonctionnaires royaux, le Sénéchal, le Connétable, le Juge de Gascogne, le Prévôt, siégeaient tous dans le château de l'Ombrière *(lo castel)*, où la Cour supérieure était venue les rejoindre vers 1373. Malgré la présence, un peu encombrante, de ces juridictions, le vieux palais des ducs d'Aquitaine n'avait pas cessé d'être la résidence habituelle des rois d'Angleterre quand ils venaient en Guyenne. Aussi avait-il été décidé, depuis longtemps, que les délits commis dans le Château contre les gens de la maison du Roi ou contre les officiers y résidant devaient être jugés par le Roi, ou son sénéchal, ou par le personnage *qui major cril in Castro Burdegale*, en d'autres termes, par le châtelain. C'était ce qui avait été formellement prescrit par un article d'un très vieux registre du château, dit *Papirus niger*, dont l'existence est révélée par le *Livre des Bouillons* (p. 382) (¹).

Quelque importance qu'on eût voulu donner à la *Cour supérieure*, il est certain qu'elle n'eut jamais les sympathies ni des grands vassaux ni même des populations de la Guyenne (²) et qu'elle n'arriva pas à acquérir une

(¹) D'après Gaufreteau, t. I, p. 23, le château de l'Ombrière aurait été, avant 1460 (on ne sait ni comment, ni depuis quand), en la possession du sieur de Grammont, à qui Charles VII l'aurait alors retiré en lui donnant en échange « une grasse pension prise sur la contablerie ». — Ce château, devenu en 1462 le siège du Parlement de Bordeaux, le fut jusqu'à son dernier jour. (V. sur ce monument et ses modifications successives, *Arch. hist.*, t. XII, p. 124 et suiv.)

(²) Il semble même que les rois d'Angleterre ne lui aient pas reconnu une autorité suffisante dans certains cas d'une gravité exceptionnelle. C'est ainsi qu'à l'occasion d'un conflit, arrivé à l'état violent, qui avait éclaté, en 1445, entre Gaston de Foix, captal de Buch, et les maire et jurats de Bordeaux, au sujet du pacage dans les palus de la ville, Henri VI, au lieu de renvoyer l'affaire à la *Cour supérieure*, commit, pour terminer le différend, en qualité de « arbitreur et amiable com- » positeur », le seigneur de Duddeley, l'un de ses conseillers, qui statua le 21 février 1447. (V. Baurein, t. III, p. 282 et suiv.) — C'était, du reste, une pratique constante et fort ancienne de recourir, en certains cas, soit à l'arbitrage, soit au jugement par commissaires spéciaux.

notoriété comparable à celle de la Cour de Gascogne.
Son nom n'est pas même prononcé une fois seulement
ni dans les registres de la jurade de Bordeaux de 1406
à 1409, de 1414 à 1416 et de 1420 à 1422, ni dans les
registres capitulaires de Saint-André, et cependant il y
est souvent question des diverses juridictions établies
alors à Bordeaux ou en Guyenne. Peut-être faut-il en
conclure qu'elle n'a jamais eu dans ce duché qu'un rôle
assez effacé, et que, malgré son existence presque séculaire, elle n'avait pas encore dans le pays des racines
bien profondes quand la conquête française la fit définitivement disparaître.

Reste maintenant à voir ce qu'elle a fait, du moins ce
que l'on connaît des actes qu'elle a accomplis.

III. — Affaires jugées; actes de juridiction.

La *Cour supérieure* a reçu plusieurs fois des rois
d'Angleterre des mandements dont l'exécution lui était
confiée.

C'est ainsi que, le 13 mars 1397, Richard II la chargeait, concurremment avec son oncle le duc de Lancastre, le Sénéchal d'Aquitaine, le Connétable et les
autres officiers de Guyenne, de réprimer les exactions que
les seigneurs de ce duché se permettaient, notamment
près des bords de la Gironde et de la Dordogne, en
levant des droits nouveaux et indus sur les marchandises
que les Bordelais faisaient passer par leurs territoires [1].

Le 8 juillet 1437 [2], Henri VI mandait à la *Cour*

Les exemples abondent. V. notamment une curieuse sentence rendue
le 4 avril 1256 par le Sénéchal de Gascogne, *pleno concilio*. (Baurein,
t. III, p. 259 et suiv.)

[1] V. Archives municipales, t. I, *Livre des Bouillons*, p. 211.

[2] V. *Archives historiques*, t. XVI, p. 244.

supérieure, ainsi qu'au Sénéchal de Guyenne, au Connétable de Bordeaux et aux autres officiers du duché, de
mettre Bérard de Montferrand (¹) en possession de la
capitainerie de Marmande qu'il lui avait donnée.

Le 21 mars 1433, le même roi, approuvant certains
articles délibérés par le Conseil royal séant à Bordeaux,
renvoyait à la *Cour supérieure* (*la court de la Souveraineté de nostre duchie de Guienne*, dit Henri VI) le
jugement du procès existant entre le sire de Montferrand
et Gaston de Foix, relativement à la terre d'Agassac. —
Il ajoutait qu'en « icelle matière et aussi en toutes
autres », les juges eussent à faire bonne justice à tous,
selon les lois et coutumes du pays (²).

Le 5 août 1445, le même roi mandait à la *Cour
supérieure* (... *Curie nostre supreme*, dit-il cette fois),
ainsi qu'au Sénéchal d'Aquitaine, au Connétable de Bor-

(¹) Bérard ou plutôt Bertrand, baron de Montferrand, frère aîné de
Pierre de Montferrand, qui eut une si triste fin, était alors le chef de
cette puissante famille. Il avait pris une part active aux faits de guerre
des années 1442 et suivantes. Il est aussi signalé comme l'un des négociateurs du mariage de Henri VI. Il fut plus tard l'un des signataires
du traité de capitulation (1451), après avoir fait partie de la *Cour
supérieure*. On le retrouve, bien plus tard encore, requérant, le
23 octobre 1456, devant la Cour des Grands-Jours de cette époque,
l'entérinement de lettres royales par lui obtenues de Charles VII, le
premier dudit mois d'octobre. (V. *Arch. hist.*, t. IX, p. 145.) Malgré
la condamnation et l'exécution de son frère, il n'avait pas tardé à se
rallier aux Français. Il était époux de Rose d'Albret et seigneur de
Langoiran et de bien d'autres lieux. (V. Baurein, t. II, p. 120.)

(²) V. *Archives historiques*, t. XVI, p. 307 et suiv. — Aucun document
ne permet de dire la suite qui fut donnée à ce procès. Fut-il jugé par
la *Cour supérieure* ou continué devant la *Cour souveraine?* Rien ne
l'apprend. Ce qui est certain, c'est qu'il n'apparaît pas même parmi les
procès déférés aux *Grands-Jours* de 1456 et 1459. Tout ce qu'on sait
par ailleurs, c'est que la seigneurie d'Agassac était, depuis près d'un
siècle, dans la maison d'Albret, lorsque Bérard d'Albret, seigneur de
Langoiran, par testament du 24 novembre 1377, la légua à sa sœur,
Rose d'Albret, dame de Montferrand. C'est ainsi qu'elle était entrée
dans la maison de Montferrand. (V. Baurein, *Variétés*, t. II, p. 349.)

deaux, au Juge de Gascogne et autres officiers du duché, de rétablir Louis Despoy [1] dans la concession qu'il lui avait faite, à titre héréditaire, de la garde et du gouvernement de la seïgneurie de Gensac, mais dont les habitants l'avaient dépossédé [2].

Enfin, les 12 et 16 février 1446, Henri VI mandait à la *Cour supérieure* (... *Curie nostre superioritatis*), ainsi qu'aux autres juges du duché, de se conformer aux lettres-patentes qu'il avait, à ces deux dates, accordées à Henry duc d'Exeter, fils mineur de Jean Exeter.

Par les premières, il faisait défense à tous les juges de Guyenne de connaître d'aucune instance relative à la sirie de Lesparre [3] par lui donnée à feu Jean d'Exeter, père d'Henri, tant que celui-ci n'aura pas atteint sa majorité.

Par les secondes, il faisait aux mêmes juges la même défense au sujet des procès que le Soudan de La Trau (c'était alors Pierre de Montferrand) [4], ou tout autre, pourraient intenter en revendication de la dite sirie de Lesparre. Il ordonnait que toutes ces réclamations lui fussent envoyées diligemment et le plus tôt possible [5].

---

[1] Louis Despoy, chevalier, seigneur de Montcuq, était l'un des seigneurs qui avaient le plus activement tenu pour les Anglais pendant la campagne de 1442 et des années suivantes.

[2] V. *Arch. hist.*, p. 295, et Baurein, t. III, p. 287.

[3] V., pour ce qu'il advint de cette seigneurie après la mort de Florimond, Baurein, *Variétés*, t. I, p. 230 et suiv.

[4] V., sur ce personnage et son existence si tourmentée, ce qu'en dit Baurein, t. I, p. 238 et suiv. — En récompense de ses services en 1452, il reçut enfin de Henri VI la sirie de Lesparre (24 juillet 1453, voir Rymer, t. V, part. 2, p. 53). C'était un peu trop tard pour qu'il en profitât, car bientôt après (1454) il allait payer de sa vie son attachement à l'Angleterre.

[5] V. *Archives historiques*, t. XVI, p. 348 et 352. — Les rois d'Angleterre, non plus que les autres souverains de cette époque, ne se faisaient faute d'enlever aux juridictions régulières la connaissance de nombreux procès pour lesquels ils désignaient des commissaires spéciaux. De là ces procès, tristement célèbres par la suite, sous le nom

On ne connaît que deux des nombreux procès que les simples particuliers durent porter devant la *Cour supérieure* au cours de sa longue existence.

L'un d'eux avait été intenté par les frères Pierre et Arnaud de Lalande contre Arnaud Michel, en revendication de la maison et des autres immeubles délaissés par les frères Guiraud et Raymond de Cussac dont ils se prétendaient héritiers en vertu de la Coutume de Bordeaux. Ils alléguaient que Michel, par force et violence, s'était emparé de ces biens, et ils l'avaient, en conséquence, cité devant le Sénéchal d'Aquitaine.

Vainement Michel avait, devant ce juge, opposé des exceptions et fins de non-recevoir de toutes sortes, notamment qu'étant bourgeois de Bordeaux, il eût dû être cité devant le Maire de cette ville. Le Sénéchal, après avoir rejeté toutes ces exceptions, avait déclaré rétablir les demandeurs en la possession des biens dont ils avaient été violemment expulsés.

Michel avait alors fait appel de ce jugement devant la *Cour supérieure*, mais l'affaire n'était pas encore venue en ordre utile pour être jugée, lorsque intervint la capi-

---

de *procès par commissaires*. — Ainsi, le 16 février 1372, Édouard III enjoignait à l'abbé de Saint-Maxence et à deux jurisconsultes, Guillaume de Goulard et Jean Le Mercier, de juger nonobstant appel, la contestation mue entre Hélie Chevalier et Robert Franceys, de Saint-Jean d'Angély. (V. Brequigny, t. XXI.) — Le 4 juillet 1422, c'est Henri VI qui mande à Thomas Barneby, Connétable de Bordeaux, et à Bertrand d'Ast, Juge de Gascogne, de rendre prompte justice à Marie Darcheit. — Le 14 septembre 1425, le même roi commettait l'abbé de Sainte-Croix et d'autres personnages pour statuer à l'amiable sur la demande de Pons de Castillon, qui réclamait, à titre héréditaire, la baronnie de ce nom. (V. Brequigny, t. XXIV.) — A l'inverse, il cassait, le 2 juillet 1449, une sentence rendue contre Gaston de Foix, comte de Longueville et captal de Buch, par le Sénéchal d'Aquitaine, le Connétable et d'autres officiers de Bordeaux, agissant comme conservateurs de la trêve intervenue à cette époque et chargés en cette qualité d'en poursuivre la publication et l'observation. (V. Brequigny; t. XXIV.)

tulation de Bordeaux. Elle fut alors portée devant le Parlement de Paris qui, après instruction du procès, la renvoya devant les *Grands-Jours* de 1456 où elle fut définitivement jugée le 2 octobre par la confirmation de la sentence du Sénéchal [1].

L'autre procès était relatif à la célèbre maison Monadey [2], que se disputaient, depuis plusieurs années, la mineure Monadey et Jean Colomb [3].

Jeanne Monadey, sous l'autorité de Guilhem Aramon de Budos [4], son tuteur, avait, comme plus proche héritière naturelle et légitime de feue Jeanne Monadey, cité Jean Colomb devant le Maire de la ville de Bordeaux pour le faire condamner à rendre la maison de Monadey (*domum magnam Monetarii... in vico Sancti-Simeonis situatam*), dont il s'était emparé au mépris de tout droit et de la coutume du pays.

Vainement Jean Colomb avait-il prétendu qu'il était héritier universel de feue Jeanne Monadey, le Maire, sans s'arrêter à ses exceptions, avait déclaré passer outre. S'étant alors rendu en personne devant la maison Monadey, il avait sommé, à plusieurs reprises, Jean Colomb d'en ouvrir la porte, à quoi ce dernier s'était refusé,

[1] Conf. *Archives historiques*, t. IX, p. 131 et 177.

[2] V. Baurein, *Recherches concernant la ville de Bordeaux*, art. LXXIV, et encore Baurein, *Variétés*, t. IV, p. 57 et suiv., sur la famille Monadey,

[3] V. Baurein, *op. cit.*, art. I, sur la famille de *Colom*; Delpit, *op. cit.*, page 67.

[4] Raymond-Guillaume de Budos, neveu du pape Clément V, a joui des plus grandes faveurs auprès des rois d'Angleterre. — Baurein, *Variétés*, t. V, p. 310 et suiv., cite des titres où il figure aux dates de 1317 et de 1321 : ce qui ferait reporter à une date très reculée les premiers actes du procès relaté ci-dessus. Son fils et son héritier, André de Budos, figure dans des actes de 1341, 1348, 1358. — V. au surplus, sur la famille et le château de Budos, Baurein, *Mémoires historiques sur le gouvernement de la ville de Bordeaux sous les Anglais;* — Ribadieu, *Les Châteaux de la Gironde*, p. 214.

déclarant en appeler au Juge de Gascogne ; mais le Maire n'en avait pas moins poursuivi son exécution et avait fait enfoncer la porte (*...cum forcipe ferrea portam dicte domus reserans, domum ipsam intrasset*). Une fois dans la maison, il avait fait inviter les parties à entendre sa sentence. La demanderesse s'était seule présentée, Jean Colomb n'avait pas comparu. Le Maire, statuant par défaut contre lui, avait déclaré réintégrer Jeanne Monadey dans la possession de la maison litigieuse et condamné Colomb aux dépens.

Ce dernier avait aussitôt porté l'affaire devant le Juge de Gascogne qui, écartant les moyens nouveaux élevés par Colomb à raison des actes d'exécution du Maire, avait rejeté l'appel et maintenu la sentence du premier juge.

C'est alors que Jean Colomb s'était pourvu par appel devant la *Cour supérieure.*

Par la suite, les qualités des parties s'étaient modifiées. Jean Colomb était mort [1] et il était désormais représenté par son fils, Pierre Colomb, son unique héritier. — Jeanne Monadey, devenue épouse de Gaillard d'Arsac [2], était tombée en démence et figurait au procès par son mari qu'un arrêt de la Cour lui avait donné pour curateur *ad causam seu litem.*

L'affaire était venue en cet état devant la *Cour supérieure* qui, après avoir ouï les parties dans leurs moyens de défense, avait annulé les exécutions faites par le premier

[1] Compromis dans l'accusation portée contre Guillaume de Pommiers, seigneur de Fronsac, dont il était le secrétaire, et convaincu, comme lui, d'avoir voulu passer aux Français, ils furent tous deux exécutés à mort en 1375. (V. Froissard, liv. II, ch. I et II ; Baurein, *Variétés*, t. I, p. 226 et suiv.)

[2] Gaillard d'Arsac, époux de Jeanne Monadey (1423-1432), appartenait à l'ancienne maison d'Arsac. (V. Baurein, t. II, p. 269.)

juge et, réformant la sentence du Juge de Gascogne, ordonné qu'il serait procédé à nouveau devant ce juge.

Mais celui-ci s'étant refusé à procéder à l'exécution de l'arrêt de la *Cour supérieure*, les parties revenaient bientôt devant elle. — Là, les conclusions étaient réprises de part et d'autre et l'affaire s'instruisait (¹) lorsqu'un nouvel incident, le plus grave de tous, la capitulation de Bordeaux, faisait disparaître la *Cour supérieure* elle-même.

Nous en avons fini avec cette juridiction fort peu connue jusqu'ici dans son fonctionnement et même dans son existence en Guyenne. Elle allait s'éteindre au moment où s'écroulait pour jamais la domination anglaise dans ce duché.

On va assister maintenant à la reconstitution de la justice dans un pays si profondément troublé. Ce sera une œuvre lente et difficile, formée d'éléments nouveaux, presque tous étrangers à la Guyenne, empreinte enfin d'un esprit souvent opposé à celui des anciens jours.

Sous cette impression, j'aborde l'histoire de la *Cour souveraine* de Charles VII, cette première phase du Parlement de Bordeaux.

(¹) Ce grand procès se continua encore pendant plusieurs années et devant les juridictions qui se succédèrent. (V. *Archives historiques*, t. IX, p. 190 et suiv., 287, 516 et 522.) — Il venait, bien longtemps après, à l'audience du Parlement de Bordeaux, du 22 janvier 1475/76, sur l'appel que Pierre Colomb avait interjeté d'un appointement donné dans le procès par le conseiller Jean Tudert, quelque temps avant cette époque, et plus de trente ans après l'arrêt qu'il avait obtenu contre Jeanne d'Arsac de «la Court appelée de souveraineté tenue par le Roy » d'Angleterre.»

DEUXIÈME PARTIE

COUR SOUVERAINE DE CHARLES VII

(1451-1452)

———

I. — **Aperçu historique.**

Aussitôt après la capitulation de Bordeaux (¹), Charles VII s'était empressé d'organiser sa nouvelle conquête avec des éléments français. Les Gascons avaient été écartés avec autant de soin que les rois d'Angleterre en avaient toujours mis à leur donner, au contraire, toutes les fonctions les plus importantes en Guyenne.

Olivier de Coëtivy (²), le favori du roi, était immédiatement nommé sénéchal de la nouvelle province dont Joachim Rouhaut (³) devenait le connétable.

(¹) La capitulation avait eu lieu le 12 juin 1451, et le 24 du même mois ou plutôt le 30, les Français avaient fait leur entrée dans Bordeaux. (V. Ribadieu, *Histoire de la conquête de Guyenne*, p. 242 et suiv.) — On peut consulter, comme document curieux, un récit de la première et de la seconde réduction de la Guyenne qui se trouve dans les *Archives historiques* (t. XII, p. 312). On y lit que le maire de Bordeaux, le sous-maire et les jurats, dont la conduite en ces circonstances suprêmes est sévèrement qualifiée, livrèrent *realiter* la ville de Bordeaux au comte de Dunois et autres, *ultima die mensis junii.*

(²) Breton d'origine et frère de l'amiral Prégent de Coëtivy, il avait succédé à celui-ci dans la faveur de Charles VII, qui lui accordait sa plus entière confiance. — On trouve dans les *Archives historiques* (t. XIV, p. 84) un fragment du compte des dépenses faites par Olivier de Coëtivy, comme sénéchal de Guyenne, du 23 juin 1451 au mardi 13 juillet suivant. — On y remarque que, parti de Talmont pour Bordeaux le mercredi 30 juin, il séjourna dans cette ville du 1er au 13 juillet, jour où s'arrête le manuscrit.

(³) Joachim Rouhaut, sire de Gamaches, originaire du Poitou, avait été d'abord écuyer du Dauphin (Louis XI). Il avait, dès 1449, pris part

A la tête de la cité, était mis, comme maire, le célèbre artilleur Jean Bureau (¹), avec Jean du Puy de Fou pour sous-maire, assisté, en outre, d'une foule de nouveaux venus, le sire Naudo, le sire de Messignac, toute une colonie française qui allait administrer la ville, en écartant les bourgeois, au mépris des franchises solennellement garanties.

L'administration de la justice n'avait pas moins préoccupé Charles VII. Le chancelier de France, Juvénal des Ursins, était venu de sa personne en Guyenne pour aviser à l'organisation des juridictions. Il y avait, en effet, beaucoup à faire pour amener aux habitudes et aux pratiques françaises un pays où la juridiction ecclésiastique dominait depuis longtemps la juridiction laïque (²). Les nécessités politiques commandaient même d'imprimer sans retard à la justice, surtout à la justice répressive, une activité et même une rigueur en harmonie avec les circonstances du moment. Le chancelier semblait avoir voulu révéler ses intentions à cet égard, lorsqu'il s'était montré, dans le cortège de l'entrée en ville, le 30 juin, vêtu de son corselet d'acier sur lequel était jetée une jaquette de velours cramoisi. — Une telle attitude, qui rappelait trop l'ancien capitaine de gendarmes, avait ému les habitants de Bordeaux, et cette émotion ne devait pas s'effacer de longtemps.

à la conquête de la Normandie, puis à celle de la Guyenne. Il mourut en 1478 maréchal de France.

(¹) Jean Bureau, trésorier de France, était le gouverneur des artilleries et mines du roi de France. « Il estoit, dit Jehan Chartier, fort » subtil et ingénieux en telles matières, et en plusieurs autres choses... »

(²) On a vu *suprà*, 1ʳᵉ partie, la part importante faite au clergé séculier et régulier dans la *Cour supérieure* de Guyenne. A vrai dire, les clercs étaient alors plus versés que tous autres dans la connaissance du droit canon et du droit civil qui en dérivait. « Une grande partie des avocats étaient ecclésiastiques, » a dit Monteil.

Malgré tout, il eût été peu politique de se mettre en hostilité déclarée avec le clergé aquitain dont la puissance était ancienne et bien établie. — Le Chapitre de Saint-André, malgré ses attaches françaises bien connues, avait été des premiers à souffrir des entreprises des Français. Un habitant de la vicomté de Lège, dont le Chapitre était seigneur, s'était plaint à lui que, le 16 juin, il avait été contraint par force de promettre 20 nobles d'or au mandataire de Poton de Xantrailles et de Jean Bureau, commissaires du roi de France quant à la réduction de la Guyenne, pour qu'il ne fût rien innové relativement aux terres et aux personnes de cette vicomté. — Le Chapitre, après en avoir délibéré, décida que cet engagement devait rester sans effet parce qu'il était postérieur au traité de capitulation (12 juin) (¹).

L'archevêque Pey Berland qui avait été mêlé très activement aux dernières négociations, et dont les sentiments pour les franchises de la patrie bordelaise étaient bien connus, avait eu, lui aussi, à se plaindre des entreprises des officiers du roi de France ; mais celui-ci, qui avait déjà mis l'archevêque dans son Conseil de Guyenne, n'hésitait pas à le placer sous sa sauvegarde, lui et les siens. Il mandait, en conséquence, dès le mois de septembre 1451, aux gens de son Conseil et de sa *Cour souraine* de Bordeaux, au Sénéchal et autres justiciers de Guyenne de maintenir l'archevêque et ses sujets dans les droits, franchises, libertés, juridictions et coutumes dont ils avaient joui jusque-là, entendant qu'il ne leur fût fait injures, violences, griefs et molestations indues (²).

Il faut bien reconnaître qu'à ce moment critique l'état des esprits à Bordeaux était loin d'être favorable à la

(¹) V. *Archives historiques*, t. VII, p. 350, et t. XIII, p. 24.
(²) V. *Archives historiques,* t. VIII, p. 330, et t. XIII, p. 58.

domination française. En écartant systématiquement les Gascons, Charles VII entretenait des causes permanentes d'irritation. Que de gens qui avaient perdu à ce changement de régime leur position et leurs chances d'avenir! Barons et bourgeois, mis à l'écart, se reportaient volontiers vers l'époque où la domination anglaise leur laissait tant d'importance dans la gestion des affaires du pays. Ils ne voyaient donc pas sans inquiétude se développer sous leurs yeux les tendances manifestes de la centralisation française dont les effets commençaient dès lors à se faire sentir.

Parmi ceux dont les regrets les plus vifs n'hésitaient pas à se traduire par des manifestations d'une incontestable gravité, se trouvent au premier rang les officiers des anciennes juridictions. Ils ne craignent pas de s'adresser au roi d'Angleterre pour lui demander des faveurs ou la conservation de leurs charges, comme si son retour eût été prochain. On verra bientôt un ancien conseiller de la *Cour supérieure,* Étienne des Brosses, solliciter et obtenir de Henri VI l'office de juge des appels civils et criminels en la Cour de Gascogne, qu'il avait déjà occupé sous les Anglais (1). Un autre magistrat, personnage des plus importants à cette époque et qui avait été, lui aussi, en 1441, juge des appels en la même cour, le chanoine Guillaume Bec, obtiendra du roi d'Angleterre la confirmation de cet office (2). — Le célèbre Bernard Angevin, cet ancien conseiller de la *Cour supérieure,* qui a été aussi l'un des commissaires du traité de capitulation, n'hésitera pas, en février 1452, à se faire reconnaître par Henri VI pour vrai seigneur de Rauzan et Pujols.

Ce mouvement de réaction contre la domination fran-

(1-2) V. *Catalogue des rôles gascons,* t. I, p. 235 et suiv. (Février et mars 1452.)

çaise, lequel avait commencé à se produire dès le mois de juillet 1451, devait se continuer par la suite avec un redoublement d'intensité. Les plus grands seigneurs donnent l'exemple. Gaston de Grailly, captal de Buch (¹), et son fils, le comte de Candale, reçoivent de Henri VI de nouvelles seigneuries (26 juillet). Il en est de même de Jean de Rostang, bourgeois de Bordeaux (26 juillet), de Jean Castendet, de Louis Brutailhs, écuyer (29 juillet), de Jean Despoy (26 août). — Le captal de Buch reçoit en outre du même roi la garde de la ville et du château de Bazas (20 octobre 1451), et bientôt après, la confirmation de ses droits sur les bailliages de Mios, du Porge, de Salles et de Salaunes (31 janvier 1452). — Au mois de juin suivant, un an après la capitulation, les lettres royales viendront de Londres plus nombreuses et plus variées que jamais (²).

Mais revenons en arrière pour rechercher comment, dès les premiers jours de l'occupation française, avait été organisée l'administration de la justice en Guyenne.

A Bordeaux, notamment, qu'est devenue la cour du maire, la *Cort de Sent-Elegi?* Le maître d'artillerie Jean Bureau avait alors autre chose à faire que de juger les contestations des bourgeois. Ce soin avait été sans doute dévolu au sous-maire, Jean du Puy de Fou, qui, d'après la règle, devait juger avec les jurats. Par malheur, la liste des jurats de cette époque troublée est perdue, et l'on est réduit aux conjectures sur la façon dont il était procédé à l'hôtel-de-ville. — Tout ce qu'un document

---

(¹) Gaston Iᵉʳ de Grailly, fils cadet de Archambault de Grailly et d'Isabelle de Foix. Il était alors âgé de soixante ans environ, et sa fidélité à la couronne d'Angleterre lui valait la réputation d'un preux chevalier. — Son fils, Jean IV de Grailly, fut le proscrit de 1452.

(²) V. pour plus amples détails sur ces agissements suspects, Ribadieu, *op. cit.,* p. 260.

permet d'affirmer, c'est qu'en février 1551/52, Pierre Gaston (¹) était procureur-syndic de la cité de Bordeaux.

Pour la cour du sénéchal, au *Castet de Bordeu*, Olivier de Coëtivy, qui vivait au milieu de ses troupes, ne pouvait évidemment la présider, ni en surveiller le fonctionnement. Ce soin avait dû être remis à un lieutenant, probablement à Pierre Bragier (²) qui, dans tous les cas, dès le 13 février 1451/52, prenait le titre de conseiller du roi et de lieutenant général de Guyenne. Il était à ce moment assisté de plusieurs légistes français, notamment de Mᵉ de Villa-Christi et de Mᵉ Jean d'Amel; ce sont les seuls noms que nous connaissions.

Reste à savoir ce qu'était devenue la promesse de Charles VII d'établir à Bordeaux une *Cour souveraine*. Bien des mois s'écoulent sans qu'on trouve trace de la réalisation de cette promesse solennelle. En sera-t-il de cet engagement comme de celui, non moins solennel, qui affranchissait les Gascons de tout impôt qui n'aurait pas été librement consenti par les trois états de la pro-

---

(¹) P. Gaston était un bourgeois de Bordeaux, propriétaire dans le quartier de La Rousselle d'une maison dont l'entrée était rue *Johan Santz* (rue Gensan). — Il appartenait probablement à la famille du capitaine Gaston, dont le navire armé en course fut affrété, en 1378, pour transporter les vivres et les engins de guerre envoyés aux Anglo-Gascons qui faisaient alors le siège de la tour de Saint-Mambert, en Médoc. (V. Rymer, t. III, part. 3, p. 126 et suiv.)

(²) Les frères ou cousins Pierre et Jean Bragier furent du nombre des légistes français qui arrivèrent à Bordeaux à la suite de l'armée de Dunois. — Pierre y acquit bientôt une certaine importance. Après la seconde réduction de la Guyenne, on le retrouve lieutenant du sénéchal de cette province en 1456, puis sénéchal de Saintonge en 1462. Seigneur de Masgesir et de Puyjarreau, il devint plus tard second président au Parlement de Bordeaux vers 1472. — Jean, venu, comme lui, à Bordeaux dès la première réduction, y était encore au moment du retour des Anglais. Il fut fait alors prisonnier par un bourgeois de Bordeaux qui le rançonna : d'où un curieux procès qui fut plus tard porté devant les *Grands-Jours* de 1456 et 1459. Il était devenu alors receveur de Bordeaux. (V. *infrà*, p. 73.)

vince? L'accueil fait par Charles VII aux remontrances présentées à ce sujet, la théorie qu'il avait manifestée, d'après laquelle le roi avait droit de lever des tailles de son autorité, en cas de nécessité urgente (1), ne permettaient guère de compter sur tout ce qu'il avait promis dans un moment où un triomphe inespéré l'avait porté à toutes les concessions.

Cependant, à une date qu'il est difficile de préciser, mais qui peut aller de juillet à septembre 1451 (2), Charles VII signait à Taillebourg les lettres-patentes instituant en Guyenne une *Cour souveraine* qui devait être bientôt le Parlement de Bordeaux (3).

Voici le texte de cet important document :

« Charles, par la grâce de Dieu, roi de France, à tous ceuls qui ces presentes lettres verront, salut.

» Savoir faisons : comme après le recouvrement par nous faict, en cette saison passée, de nos duchié en Guienne et pais de Bourdeloys et de Gascoigne, qui par longtemps

(1) V. Ribadieu, *op. cit.*, p. 264 et suiv.

(2) V. Vallet de Viriville, t. III, p. 215, note 1.

(3) Les historiens depuis La Roche-Flavin jusqu'à M. Grün ont tous cru et dit que l'institution de cette Cour avait été ajournée à cause du soulèvement de la Guyenne en octobre 1452. (V. Boscheron-Desportes, *Histoire du Parlement de Bordeaux*, t. I, p. 7.) — On verra plus loin comment cette erreur a été dissipée. On comprend même difficilement qu'elle ait si longtemps subsisté en présence de la déclaration très expresse contenue dans les lettres-patentes de Charles VIII du 13 septembre 1483, portant confirmation des officiers du Parlement de Bordeaux. On y lit, en effet, que : « ...pour laquelle justice distribuer, » faire et administrer à tous nos sujets de nostre pais de Guyenne, feu » nostre cher seigneur et aïeul (Charles VII), *tantost* après la réduction » par lui faite dudit pais..., eust establi et ordonné une *Court de Parle-* » *ment* audit pais de Guyenne et autres pais, baillages et seneschaus- » sées ressortissans en icelle Court, laquelle a depuis été confirmée par » feu nostre très cher seigneur et père (Louis XI). » — Ces lettres se trouvent dans le commentaire de Dussaut sur l'*Usance de Saintes, in fine*, et aussi aux *Registres secrets* (n. 369) de la Bibliothèque de la ville, t. I, fos 40 et suiv. — Rien ne dit mieux comment le Parlement de 1462 ne fut que la suite de la *Cour souveraine* de 1451.

avoient esté occupiez par nos anciens ennemis et adversaires
les Anglois, Nous, pour metre et donner ordre de vivre entre
nos subgetz desdits pais en bonne police et justice, et donner
à plusieurs voyes de faict suppramises et autre abuz qui
y ont esté faictes et comises durant le temps de ladite occupation, avons par grant et meure delibération de plusieurs
des seigneurs de nostre sang et gens de nostre grant conseil,
ordonné et délibéré establir une Court souveraine esdits
pays; savoir faisons que, en suivant nostre ordonnance et
délibération, et considéré que nostre cité de Bourdeaulx est
la principalle de tous nos susdits païs et plus convenable
pour l'établissement de ladicte Court, avons, par l'advis et
conseil que dessus, ordonnée et establie, ordonnons et esta-
blissons, de plaine puissance et auctorité réial, par ces présentes, une Court souveraine en nostredicte ville et cité de
Bourdeaulx, pour tous nos susdits pais dernièrement par
nous recouvrez et reduiz en nostre obeissance et les ressors
d'iceulx, selon les limites qui par nous seront sur ce ordonnées et declairées; laquelle voulons être tenue et gouvernée
par huic conseillers, desquels deux presideront et seront
appellez premier et second président et par aultres officiers
par nous à ce commis, ordonnez et establitz; et auxquels nos
conseillers nous avons donné et donnons par les dictes présentes, et ceulx qui après eulx y seront audict estat, plain
pouvoir, auctorité et mandement spécial de toutes causes
civiles et criminelles entre quelques parties que ce scient
demourant esdict pais, et icelle décider et déterminer par
leurs arrestz ou jugemens; et de donner toutes aultres provisions de justice à nos subjetz desdits pays, et aultres illec
survenant quant le cas y escherra, comme font et ont acous-
tumé et peuvent faire nos autres conseillers de nostre Court
de Parlement et leurs dits arretz, jugements et provisions de
justice executer et faire executer par toutes manières deues
et en tel cas requises, nonobstant oppositions ou appellations,
sans que d'eulx ne de leursdits arrestz ou jugemens soit
loisible ne permis appeller par aucuns, ne que par eulx sur
iceulx soit defféré au susdit appellar, pour quelque cause ne
en quelque manière que ce soit; ordonnons et mandons à
tous nos seneschaulx et autres officiers justiciers et subjetz que

à icelle Court obeissent et intindent; diligemment prestent
et donnent tout conseil, confort et aide, quant metier sera,
et ils en seront requis. Car tel est nostre plaisir, et en
tesmoing de ce... *(la suite manque, ainsi que le sceau).*
» Donné à Taillebourg le cinq [août 1451] (¹). »

La création de la *Cour souveraine* est complète. Son
siège est fixé à Bordeaux. — Son ressort comprend tous
les pays récemment recouvrés dont les limites seront
ultérieurement déterminées (²). — Elle sera composée de
huit magistrats dont deux présidents (premier et second),
et six conseillers; en outre, d'un certain nombre d'officiers commis par le Roi. — Cette Cour devra juger,
en dernier ressort, toutes les causes civiles et criminelles
intéressant les habitants des dits pays; elle a, du reste,
tous les droits et prérogatives attribués au Parlement de
Paris.

Comme on l'a déjà remarqué, il entrait dans la politi-

(¹) Ces lettres-patentes, qui ne sont pas dans la grande collection des
ordonnances, se trouvent dans un manuscrit de la Bibliothèque natio-
nale, n° 5909, f° ixxx xviii. (*Registre des lettres.*) Ce manuscrit est un
gros in-quarto, d'une écriture du xvi° siècle, sorte de recueil de mo-
dèles d'actes qui a dû servir à un attaché de la chancellerie royale.
M. Vallet de Viriville, *Histoire de Charles VII*, t. II, p. 215, note 1,
dit que ces lettres-patentes ont été données de juillet à septembre 1451.

(²) Si ces limites ont été effectivement fixées, comme semble l'affirmer
Charles VII dans ses lettres-patentes du 31 juillet 1459, il est malheureusement certain que ces lettres qui les fixaient, n'ont pas été retrou-
vées. Les lettres de Pardon, du 11 avril 1454, ne vinrent pas lever cette
incertitude en mettant le pays de Guyenne dans le ressort du Parlement de Paris; car il y est dit seulement que ressortiront désormais de
cette Cour « ceux de nostre ville de Bourdeaulx et de nostre dit païs
» de Guyenne, comme de toute ancienneté avoient accoustumé de
» faire. » — Aussi resta-t-on toujours dans l'incertitude pour certains
lieux éloignés, tels que Saint-Cibian, en Périgord, si bien que, le
11 octobre 1459, dans un procès entre l'archevêque de Bordeaux et
Geoffroy de Pompadour, prieur de Saint-Cibian, la Cour des *Grands-
Jours de 1459* dut ordonner une information sommaire à l'effet de
savoir si cette localité « estoit des limites de la *Court souveraine*, quand
» elle seoit à Bourdeaulx. »

que de Charles VII de réfréner les tendances qu'avait ce Parlement à étendre sa juridiction, et rien ne pouvait mieux la servir que l'institution d'un nouveau Parlement dans le sud-ouest de la France. Aussi faut-il attribuer aux difficultés qu'il rencontrait en Guyenne dans l'esprit et les habitudes des populations le retard qu'il avait mis à instituer à Bordeaux une Cour souveraine.

Ces difficultés devaient encore retarder l'organisation de cette Cour pendant quelques mois. On ne trouve pas, en effet, dans les ordonnances de cette époque, un document quelconque portant soit fixation des limites du ressort, soit la nomination des conseillers et autres officiers de la Cour. Ce silence est si absolu jusqu'aux derniers moments de cette première phase de la domination française, qu'on a pu longtemps douter que cette Cour eût jamais siégé (¹).

Ces doutes ne sont plus possibles en présence, non seulement des mandements qui se trouvent au bas de plusieurs lettres-patentes de Charles VII, et qui sont nommément adressés à la *Cour souveraine* (²), mais encore et surtout des enregistrements de lettres-patentes faits par

---

(¹) On le contestait généralement, lorsque, en étudiant les registres d'enregistrement du Parlement de Bordeaux, je remarquai dans l'un d'eux (*Arch. dép.*, B. 31, fo 222), au bas de la confirmation par Charles VII, en septembre 1451, des privilèges des monnayeurs de Guyenne, l'acte d'enregistrement suivant : « *Lecta et publicata in Curia* » *Suprema Burdegale, presente procuratore Regis generale, seu ejus* » *substituto in eadem curia, et in registris ipsius curie registrata,* » *XXI junii 1452, per me Johan de Salon.* » Je signalai aussitôt cette découverte, en 1867, dans les *Grands-Jours du dernier duc de Guyenne,* p 12, note 1. — Depuis de nombreux documents sont venus achever de lever tous les doutes, notamment les *Registres des Grands-Jours de 1456 et 1459.* (V. *Arch. hist.*, t. IX.)

(²) Les lettres-patentes de Charles VII, relatives à la Guyenne, et datées de septembre et de décembre 1451, portent mandement « à nostre » Court souveraine de Bourdeaulx... » ou « *dilectis et fidelibus nostris* » *consiliariis Parlamenti sive consistorii nostri Burdegalis...* »

elle et des actes nombreux de sa juridiction qui sont relatés dans plusieurs procès portés plus tard devant les *Grands-Jours* de 1456 et de 1459.

Il y a cependant encore un doute que rien n'a jusqu'ici suffisamment dissipé. Quand la Cour souveraine est-elle entrée en fonctions? A cet égard, l'incertitude est complète. Si Charles VII lui adresse en septembre et en décembre 1451 des mandements qui feraient supposer qu'elle était en exercice à cette date, les enregistrements faits par elle se reportent tous uniformément au mois de juin 1452, ainsi qu'on le verra *infrà* (§ III). Quant aux actes de juridiction, rien ne permet d'en fixer la date précise, si ce n'est pour un appointement qui est dit donné par elle à la date du 30 juin 1452, dans un procès des *frères Pinets* contre *Debat* (V. *infrà*, § III).

Tout ce qu'on peut donc induire des dates connues, c'est que la Cour souveraine a certainement siégé pendant tout le mois de juin 1452 à Bordeaux.

A ce moment, la situation était plus tendue que jamais. Les trésoriers du Roi persistent dans la levée des tailles, sans se préoccuper du consentement des trois états de Guyenne. — Aux plaintes des Bordelais, ils répondent que l'argent levé sur la province ne doit servir qu'à payer les garnisons nécessaires pour empêcher les entreprises des Anglais.

Ces explications étaient loin de satisfaire les Bordelais qui répliquaient que, du temps des Anglais, ils avaient toujours été affranchis des incommodités des garnisons et de la levée des tailles (¹). Pouvaient-ils s'attendre à

(¹) Comme l'a fait remarquer Baurein (*Variétés*, t. III, p. 149), il n'y avait de troupes anglaises en Guyenne que dans des cas très extraordinaires. Si ce pays était tenu de pourvoir à sa défense, il n'était pas assujetti aux subsides. Il n'y avait, du reste, habituellement à Bordeaux qu'un très petit nombre d'Anglais, et, outre quelques partice qui se passait sous leurs yeux après les promesses qui leur avaient été faites?

Leur indignation fut portée au comble lorsqu'ils apprirent que toutes leurs remontrances avaient été à peine écoutées par Charles VII. Le traité de capitulation était donc très volontairement violé, et la Guyenne pouvait dès lors se croire déliée de son serment envers le roi de France.

Une vaste conspiration s'organisait aussitôt, embrassant toutes les classes des habitants, barons, clergé et bourgeois. Le sire de Duras, Bertrand de Montferrand, Bernard Angevin, le doyen de Saint-Seurin, — de ce Chapitre signalé par sa fidélité aux souvenirs anglais, — tous ces grands personnages, restés en rapport d'amitié et d'intérêt avec les barons d'Angleterre, n'hésitaient pas à prendre la direction du mouvement. Le fils aîné de Gaston de Foix, captal de Buch, Jean IV de Grailly, que son mariage avec Marguerite de Suffolk, comtesse de Candale, en Angleterre, autorisait à circuler entre les deux pays sans éveiller de soupçons, s'offrait même à faire le voyage de Londres. A quelque temps de là, au mois d'août, il quittait en effet Bordeaux en compagnie de Pierre de Montferrand, le soi-disant sire de Lesparre (1).

culiers de cette nation qui, soit à raison de leurs affaires, soit à cause du climat, y avaient fixé leur résidence, il n'y avait ordinairement à Bordeaux que les équipages des navires anglais venus pour leur commerce.

(1) Le premier appelé par le testament de Florimond, en date du 25 février 1393, avait été Guilhem-Amanieu de Madailhan; mais celui-ci étant décédé vers le 14 décembre 1439, sans postérité, la substitution créée par le testament de Florimond s'était ouverte en faveur des substitués subséquents. Ceux-ci étant décédés sans postérité mâle, la sirie de Lesparre était tombée au pouvoir des rois d'Angleterre qui en disposèrent, d'abord, au profit de Bernard Angevin (1440), puis de Jean, duc d'Exeter (1444). — Cette importante seigneurie était en cet état équivoque en 1451. Aussi, Charles VII, dès la première capitula-

Le succès de leurs démarches fut complet auprès du Conseil royal d'Angleterre, et le vieux John Talbot était mis, dès les 1er et 2 septembre 1452, à la tête de l'expédition qui, le 17 octobre, cinglait vers les côtes de Gascogne. Elle prenait terre, le 21, près de Soulac, dans la sirie de Lesparre, sur une terre contestée, et le 22 octobre, Talbot venait camper sous les murs de Bordeaux.

Olivier de Coëtivy était resté jusque-là dans la plus étrange sécurité, et ce ne fut qu'aux rumeurs de la ville qu'il connut le danger qui le menaçait. Pendant qu'il essayait à la hâte d'organiser la résistance, les Trois-Cents, réunis à l'hôtel de ville, délibéraient, non pas seulement d'ouvrir les portes aux Anglais, — ce qui ne faisait pas question, — mais si on livrerait à Talbot la garnison française et, sans doute aussi, tout le personnel français que le peuple détestait.

A peine Talbot était-il entré par la porte de Cor (plus tard la porte du Chapeau-Rouge), que se produisait dans Bordeaux et dans ses faubourgs une véritable chasse aux Français. Poussés autant par la cupidité que par un sentiment de vengeance, les Gascons se mettaient aussitôt à courir sus aux personnages venus de France, et même aux plus humbles soldats. Nombre de bourgeois cherchèrent alors à exploiter les prisonniers faits de leurs mains, et pour tirer d'eux la plus forte rançon, ils

tion de la Guyenne, s'empressa-t-il d'en disposer (avril 1451/52) en faveur d'Amanieu d'Albret. — Pierre de Montferrand, qui, par sa mère, Isabeau de Latrau, fille de l'un des substitués de Florimond, se croyait seul appelé à succéder à la maison de Lesparre, avait toujours protesté contre les agissements du roi d'Angleterre. Bien qu'il n'eût jamais eu la possession de cette seigneurie, il n'avait pas cessé, depuis la mort de Madailhan, de prendre la qualité de sire de Lesparre, qualité que ses descendants continuèrent à porter longtemps après sa mort tragique. (V. Baurein, t. I, p. 238 et suiv.) C'est donc lui qui, en 1451-1452, est très irrégulièrement désigné sous le nom de sire de Lesparre.

allèrent jusqu'à les renfermer dans leurs propres maisons (1).

Tous ces actes de violences avaient été cependant condamnés d'avance par Talbot lui-même qui, dès le jour même de son entrée, avait fait crier et notifier que ceux qui avaient prêté serment au roi de France eussent à s'abstenir de la prise des Français et d'une atteinte quelconque à leurs biens (2). — Il devait être tenu bien peu compte de ces défenses contre lesquelles s'élevaient d'anciennes pratiques aussi barbares qu'invétérées.

Que devinrent, au milieu de ce bouleversement, les juges des diverses juridictions de la ville?

On ne connaît que ce qui arriva aux membres de la sénéchaussée, au sénéchal de Coëtivy, au sire de Messignac, au sire Naudo.

Pour Coëtivy et de Messignac, faits prisonniers par Arnaud Bec, bourgeois influent, frère de Guillaume Bec, l'ancien juge des appels en la Cour de Gascogne (3), ils avaient été amenés dans la maison même d'Arnaud Bec; mais Talbot, informé de cette prise, déjoua les calculs de ce dernier, en confisquant à son profit la rançon qu'il avait extorquée. Bien qu'irrégulièrement arrêtés, Olivier de Coëtivy et le sire de Messignac n'en furent pas moins trouvés de bonne prise et envoyés en Angleterre, ainsi que le sire Naudo et le sous-maire, Jean du Puy de Fou.

(1) V., pour plus amples détails, Ribadieu, *op. cit.*, p. 275 et suiv.

(2) V. Baurein, *Variétés bord.*, t. I, p. 199, et t. III, p. 357. — Il est curieux de lire l'acte notarié dans lequel Talbot lui-même consigna, le 4 février 1352/53, les circonstances de son entrée à Bordeaux en octobre 1452.

(3) Il était Anglais d'origine et chanoine de Saint-André depuis le 30 novembre 1432. — Tout partisan qu'il fût de la domination anglaise, il n'en devint pas moins, en 1463, conseiller clerc au Parlement de Bordeaux. Transféré à Toulouse en 1469, lors de l'apanage du frère de Louis XI, il revenait en 1472 prendre son siège à Bordeaux.

Quant au lieutenant général de la sénéchaussée, Pierre Bragier, si on ne sait quel fut en définitive son sort dans ce désastre, on connaît les pénibles aventures de son frère ou cousin, Jean Bragier, aventures auxquelles il semble avoir été plus ou moins mêlé, et qui donnent une idée des mœurs du temps. En voici un aperçu :

Jean Bragier, qui était venu en Guyenne aussitôt après la capitulation de 1451, fut, dès l'arrivée de Talbot (1452) et malgré l'ordonnance par laquelle il défendait de tenir Français prisonnier, fait prisonnier par un certain Pierre Vaquey, dit Monot, qui avait mené des gens de guerre pour le roi d'Angleterre. Messire Jean Passelier avait, disait-on, concouru à cette prise. — Dans tous les cas, Jean Bragier et son cousin, après s'être engagés envers ledit Pierre Vaquey, furent conduits chez son père, Jean Vaquey, bourgeois notable, où ils demeurèrent prisonniers aux fers jusqu'au moment de la seconde capitulation (octobre 1453). — Pierre Vaquey, voyant alors qu'il ne pouvait plus tenir Jean Bragier prisonnier, — son cousin avait été sans doute déjà relâché, — se décida à lui demander une cédule d'engagement pour sa rançon. Cette cédule devait porter que Jean Vaquey père lui avait prêté de l'argent pour sa rançon et pour sa dépense. Il devait souscrire encore une autre cédule pour son frère ou cousin. D'après Jean Bragier, ces cédules, passées le 8 octobre 1453, furent antidatées. Après quoi il fut mis en liberté. — Jean Vaquey a plus tard protesté contre ces dires et ces prétendues antidates. D'après lui, il s'était porté spontanément caution de Jean Bragier et d'un autre qui avaient été mis en prison à Sent-Elegy. Il leur avait alors fourni sept vingts écus que J. Bragier s'était engagé à lui rembourser; puis, comme on voulait le conduire en Angleterre, et pour lui éviter le voyage, il lui avait prêté encore 69 écus destinés à compléter sa rançon. J. Bragier lui en avait fait une autre cédule et n'en était pas moins demeuré prisonnier de Jean Passe-lier et de Pierre Vaquey, à qui il avait donné en plus 60 réaux que Jean Vaquey lui avait encore prêtés. — Quoi qu'il en soit, deux ans après, Bragier se prévalant des lettres de Pardon (11 avril 1454), portant abolition de toutes les violences et ordonnant la délivrance des pri-sonniers, ainsi que la cassation de toutes cédules faites par eux, sollicitait et obtenait plus tard des lettres royales en vertu desquelles il fit commandement à Jean Vaquey d'annuler et détruire les cédules souscrites en 1453. Puis, sur le refus de ce dernier, il l'actionna en justice. Cette affaire fut portée devant la *Cour des Grands-Jours* de 1456, où, après de longs débats, elle fut terminée par un accord entre les parties (¹).

Les péripéties de cette affaire disent assez ce qui dut se passer à ce moment à Bordeaux et dans les environs. Les membres de la *Cour souveraine* parvinrent-ils à échapper aux bourgeois de Bordeaux? Rien ne permet de dire ce qu'il advint pour eux et les leurs. Ils étaient cependant de bonne prise, et les rançonneurs n'étaient pas gens à dédaigner cette aubaine. Quelque courte qu'eût été leur judicature, ils n'avaient pu manquer de s'attirer la haine de certains plaideurs plus ou moins puissants.

Dans tous les cas, peu d'années après, on retrouvera à Bordeaux quelques-uns au moins d'entre eux, y exer-çant encore des fonctions judiciaires. — Mais n'antici-pons pas sur les événements qui vont suivre et voyons comment, dès 1451-1452, ils avaient été organisés (§ II) et comment ils avaient rempli leur mission (§ III).

(¹) V. *Arch. hist*, t. IX, p. 103, 105 et suiv., 239 et 247.

II. — Organisation intérieure; attributions.

Charles VII, en instituant la *Cour souveraine* de Guyenne, l'avait composée d'un premier président, d'un second président et de six conseillers auxquels devaient s'ajouter d'autres officiers, c'est-à-dire un procureur général et son substitut, un greffier, etc., etc.

Des ordonnances subséquentes n'étant pas venues compléter ces indications, c'est à d'autres documents qu'il faut emprunter les renseignements qui comblent en partie cette lacune.

Aussi ne connaît-on que quatre des huit magistrats dont devait se composer la *Cour souveraine*, sans qu'on puisse savoir si l'un d'eux ou deux d'entre eux remplissaient les fonctions de la présidence.

Ces quatre magistrats sont :

JEAN TUDERT, maître des requêtes de l'hôtel du roi [1];

JEAN AVRIL [2],

[1] Il l'était depuis 1438, lorsqu'il vint en Guyenne en 1451. Originaire d'une ancienne famille du Poitou, il avait été, depuis l'avènement de Charles VII, appelé à remplir des missions importantes. V., sur ce magistrat, la notice qui le concerne dans les savantes *Notes biographiques sur les principaux officiers du Parlement de Bordeaux*, par M. Communay, p. 5. — Après la seconde réduction de la Guyenne, on le retrouve encore à Bordeaux, notamment en 1459, comme l'un des commissaires chargés par le Roi de statuer sur la prise de navires anglais. (*Arch. hist.*, t. IX, p. 29 et suiv.) Nommé, le 14 juin 1462, premier président du Parlement de Bordeaux, rétabli par Louis XI, il suivit cette Cour à Poitiers en 1469, quand la Guyenne fut donnée en apanage au frère du Roi. Il se démit de ses fonctions en 1471 et mourut à Poitiers en 1473.

[2] Jean Avril, après la seconde réduction de la Guyenne, fut nommé conseiller au Parlement de Paris le 2 avril 1454. C'est sans doute lui qu'il faut reconnaître sous la dénomination : *Jean Daurillot* ou *Davrillot*, conseiller clerc, qu'on retrouve dans certains registres du Parlement. Peut-être encore était-il de la famille *Avrillot*. (V. Moréri.) — Revenu en Guyenne en 1462, comme conseiller au Parlement réta-

JEAN DE SANSAY ([1]);
VITAL DU PALAIS ([2]).

Si nous ne connaissons pas le nom du Procureur Général près la *Cour souveraine*, l'existence d'un magistrat de cet ordre et de son substitut résulte des mentions contenues dans les enregistrements faits par cette Cour.

Ces mentions donnent même le nom de son greffier, Jean de Salon.

Enfin le nom de l'un de ses huissiers, Raymond Lejeune, se trouve dans un arrêt de la *Cour des Grands-Jours* de 1456.

Il est à présumer que la *Cour so veraine* siégea, comme l'avaient fait jusque-là les plus hautes juridictions royales qui l'avaient précédée, dans le vieux palais de l'Ombrière, témoin déjà de bien des changements.

Quant à son ressort, on a déjà vu, *suprà* (p. 67), l'incertitude dans laquelle les termes des lettres-patentes d'institution avaient laissé ce point important. Cette lacune est d'autant plus regrettable que, par la suite, pour déterminer le ressort des juridictions instituées plus tard, on s'est toujours référé aux limites du ressort de la *Cour souveraine* de 1452. Ainsi, quand fut envoyée en Guyenne la *Cour des Grands-Jours* de 1456, il fut dit qu'elle connaîtrait des appels interjetés « des baillis, » seneschaux, prévosts et autres juges des païs qui

bli, il y devint, par la suite, chanoine de Saint-André et archidiacre du Médoc.

([1]) Jean de Sansay, s'il n'avait été encore conseiller au Parlement de Paris, ne tarda pas à le devenir, car il l'était déjà en octobre 1459. Il revint en Guyenne en 1462, comme conseiller au Parlement.

([2]) Vital du Palais, venu en Guyenne à la première réduction, dut y revenir peu de temps après la seconde, puisqu'on l'y retrouve, en 1456, exerçant les fonctions de juge des appels en la Cour de Gascogne. Il l'était encore en 1459 et devint même alors chanoine de Saint-André

» ressortissaient à la Court souveraine qui souloit seoir
» à Bourdeaulx. » Par ses lettres-patentes du dernier
jour de juillet 1459, Charles VII ne fut pas plus explicite quand il mit dans le ressort de ces *Grands-Jours*
la ville de Bordeaux, le pays de Guyenne et les ressorts
d'iceux, « selon les limites qui furent ordonnées pour la
» *Cour souveraine* qui fut par nous establie en icelle ville. »

Les attributions de la *Cour souveraine* avaient été fixées
par les lettres d'institution de la façon la plus expresse.
Elle devait juger, en dernier ressort, nonobstant opposition ou appel, pour quelque cause que ce fût, toutes les
affaires civiles et criminelles, à l'égard de toutes parties
demeurant en Guyenne. — Des prescriptions aussi impé-
ratives ne pouvaient guère être déjouées, malgré les
exceptions multipliées fort en usage à cetteépoque.

A ces attributions judiciaires, faut-il en ajouter d'autres
dont la *Cour souveraine* aurait été également investie?
Dans ces temps reculés, comme plus tard, les Cours
souveraines ne restaient pas étrangères à la haute administration et même au gouvernement du pays. Leurs
membres avaient été de tout temps appelés dans les
Conseils des rois. Bien plus, les Cours elles-mêmes ne
tardèrent pas à prendre un rôle politique qui varia suivant les temps et les lieux. — On a vu les rois d'Angleterre appeler dans le Conseil royal de Guyenne plusieurs
membres de la *Cour supérieure*. Il semble que Charles VII
ait voulu en faire autant pour ceux de sa *Cour souveraine*, et même confondre cette Cour avec son Conseil de
Guyenne. Ainsi, dans ses lettres-patentes de septembre
1451, relatives à l'archevêque de Bordeaux, il s'adresse
« aux gens de notre Conseil et Cour souveraine à Bour-
» deaulx..... » — Dans ses lettres de décembre 1451,
confirmant les privilèges de l'Entre-deux-Mers, il s'adresse

« *dilectis et fidelibus nostris Consiliariis Parlamenti, sive*
» *consistorii nostri Burdigalis, etc...* »

La confusion paraît complète. Peut-être s'explique-t-elle par le trouble inhérent à une organisation faite à la hâte et qui ne devait pas durer.

Voyons maintenant ce que l'on sait des actes émanés de la *Cour souveraine*.

III. — **Actes de juridiction; affaires jugées.**

Les actes de juridiction émanés de la *Cour souveraine* ne durent pas être bien nombreux, son existence ayant été très éphémère. Aussi fort peu d'entre eux sont-ils parvenus jusqu'à nous (1). Les seules même de ces décisions que nous connaissions dans leur contexte, sont deux enregistrements de lettres-patentes.

C'est d'abord l'enregistrement du traité de capitulation de 1451, rapporté *suprà* (p. 4) et qui est ainsi conçu :

« *Visa et registrata in registris Curie supreme Burdegale*
» *vicesimo die junii anno Domini millesimo quadrantesimo*
» *quinquagesimo secundo. — Jh. de Salon.* »

C'est ensuite l'enregistrement des lettres-patentes de Charles VII (sept. 1451), confirmant les privilèges des monnayeurs de Guyenne, lequel eut lieu le lendemain (rapporté *suprà*, p. 68) et qui est ainsi conçu :

« *Lecta et publicata in Curia suprema Burdegale, presente*
» *procuratore Regis generale, seu ejus substituto, in eadem*

(1) Les recherches faites aux Archives nationales n'ont pas plus abouti à découvrir les papiers de cette Cour, que celles qui ont été longtemps poursuivies dans nos archives locales. On pouvait espérer que, comme les registres des *Grands-Jours* de 1456 et de 1459, ces papiers avaient trouvé un refuge dans le grand dépôt national. — Peut-être faut-il au contraire s'arrêter à cette pensée qu'ils ont péri lors des incendies qui, par deux fois, ont détruit, dans le Palais de l'Ombrière, une forte partie des minutes du Parlement de Bordeaux.

» *curia, et in registris ipsius curie registrata XXI junii*
» *1452, per me Johan de Salon.* »

On ne connaît que la mention de deux autres enregistrements : l'un, du 6 juin 1452, portant enregistrement
des lettres-patentes de Charles VII ratifiant une conven-
tion conclue entre le comte de Penthièvre et Jean de
Lacrompte (¹); — l'autre, du 19 juin 1452, portant enregistrement d'autres lettres-patentes de Charles VII instituant le duc de Bourbon gouverneur de la Guyenne (²).

La *Cour souveraine* n'a pu juger qu'un très petit nombre
des procès portés devant elle, et encore ne connaissons-
nous de ceux-là que ceux d'entre eux qui se continuèrent
plus tard devant les *Grands-Jours* de 1456 et 1459.

L'un de ces procès qui était né depuis la capitulation
de 1451, avait été fait par le chevalier Bérard de La
Mothe, seigneur de Roquetaillade (³). Il avait assigné
devant la *Cour souveraine* les comtes de Foix (⁴) et de

(¹) V. O'Reilly, t. III, p. 556. — Il s'agit dans ces lettres-patentes :
1º de Jean de Blois, comte de Penthièvre, l'un des généraux lès plus
activement employés dans les campagnes de 1442 et des années suivantes; — 2º très probablement de Jean de Beaumont, seigneur de
Lacrompe. — On a déjà vu et on verra encore Charles et Louis de
Beaumont très mêlés aux affaires de ce temps.

(²) V. *Arch. hist.*, t. IX, p. 450 et 464. — Jean, duc de Bourbon et
d'Auvergne, fut, sous le nom de comte de Clermont, gouverneur de la
Guyenne (1451-1452) et lieutenant du roi en Guyenne (1454-1459).

(³) Au moment où se rapprochant de Bordeaux, en descendant la
Garonne (octobre 1442), les Français avaient atteint Langon dont ils
s'étaient emparés, le sire de Roquetaillade, effrayé de cette marche
rapide, était allé à Marmande porter au roi de France les clefs de
son château. — Bérard de La Mothe se rattachait sans doute aux très
anciens seigneurs de La Mothe de Buch, d'où sont issus les nombreux
« de La Mothe » qui ont possédé plusieurs seigneuries en pays bordelais et même celle de Roquetaillade dans le Bazadais. (V. Baurein,
t. VI, p. 163.)

(⁴) Il s'agit de Gaston de Grailly, qui, passé à la France, avait
commandé dans l'armée de Charles VII depuis 1451. Il était fils de
Jean de Grailly qui, en 1414, était capitaine-général en Languedoc et
en Guyenne pour le roi de France. — Ce dernier était l'aîné des fils

Dunois ([1]) en revendication de la terre de Langon ([2]) dont ceux-ci s'étaient emparés, alors que le Captal de Buch la détenait sans droit (« contre raison »). Débouté alors de sa demande (« et ont esté les procez-perdus »), Bérard de La Mothe la reprit plus tard au moyen de lettres d'état en vertu desquelles il fit ajourner les défendeurs devant les *Grands-Jours* de 1459. — Devant cette Cour, les comtes de Foix et de Dunois, tout en repoussant l'entérinement des lettres d'état, excipèrent, pour être renvoyés en Parlement, de ce que le litige montait à plus de 6,000 écus, alors que le demandeur soutenait que la terre de Langon ne donnait que 300 livres de rente. Le comte de Foix invoquait, en particulier, sa qualité de pair de France, bien qu'il ne fût pas question d'une terre de pairie. Après débats contradictoires, les parties

d'Archambault de Grailly, et avait eu, pour sa part, le comté de Foix, pendant que son frère cadet Gaston Ier de Grailly, resté fidèle aux Anglais, devenait captal de Buch, comte de Benauges et de Longueville, possesseur des immenses propriétés de la maison de Grailly en Guyenne.

([1]) Les noms de Foix et de Dunois se trouvent si souvent associés, comme demandeurs ou comme défendeurs, dans de nombreux procès en revendication portés devant les diverses juridictions depuis 1451, qu'on est porté à se demander si le droit de la guerre ne faisait pas toute la force des titres invoqués par ces grands personnages.

([2]) La terre de Langon, ou plutôt la ville de Langon et son territoire, rappelant, par son étendue, les *Regna Paulini*, de l'époque gallo-romaine, avait été souvent, pendant la guerre de Cent ans, le théâtre de rencontres sanglantes entre Français et Anglo-Gascons. Vers 1363, elle appartenait en partie à Guillaume de Beauville, époux d'Engevina d'Ornon. Mais on voit par les *Rôles gascons* que les rois d'Angleterre en ont disposé, suivant les époques, tantôt en faveur de la maison de Grailly, qui avait des droits remontant à l'antique maison de Bordeaux, tantôt en faveur de La Mothe de Roquetaillade. — Depuis 1424, le captal de Buch, chargé par le roi d'Angleterre de la garde de Bazas, avait dû étendre son commandement jusqu'à Langon, pris et repris si souvent par les corps ennemis. Cette position avait même été régularisée par les lettres-patentes du 20 octobre 1451, qui lui avaient confié la garde de la ville et du château de Bazas.

furent, le 31 octobre 1459, renvoyées au Parlement de Paris (¹).

Les comtes de Foix et de Dunois avaient eu encore à se défendre, devant la même Cour, contre une autre revendication formée par Pons de Pardeilhan, qui leur demandait le délaissement des terres de Castillon (²), Sausac et Mouton. Il se prétendait propriétaire à titre héréditaire de ces terres que, de leur côté, les comtes soutenaient posséder légitimement en vertu d'une cession à eux faite par le Captal de Buch et par son fils, avec l'autorisation du Roi. La *Cour souveraine* n'eut pas le temps de juger ce gros procès, qui devait reparaître plus tard devant les *Grands-Jours* de 1456 (³), grossi de tous les incidents qui s'étaient produits dans l'intervalle. Il paraît, en effet, qu'après l'arrivée de Talbot en Guyenne, les comtes furent dépossédés des dites terres que Pons de Pardeilhan occupa de nouveau, d'accord avec les Anglais ; mais, après la seconde réduction, les comtes les reprirent et en jouirent paisiblement, pendant que Pardeilhan était en guerre pour le Roi de France, expédition dans laquelle il mourut. Il y eut plus tard, au sujet de ces terres prises et reprises, des violences de part et d'autre,

(¹) V. *Arch. hist.*, t. IX, p. 356 et 367.

(²) La seigneurie de Castillon, paroisse de Saint-Christoly (Médoc), était dans la famille Pons depuis 1303. (V. *suprà*, Irᵉ partie, § I, p. 29.) — On a déjà vu comment cette seigneurie et les autres terres de cette maison étaient passées à Jean de Foix, puis avaient été confisquées de nouveau par Charles VII. — On sait, d'autre part, que du mariage de Bourguine de Castillon avec Bertrand de Pardeilhan, mariage qui fit passer les biens de la maison de Castillon dans celle de Pardeilhan, était issu Pons de Pardeilhan-Castillon que l'on va voir en procès avec les comtes de Foix et de Dunois. Marié lui-même, en 1443, avec Izabeau de Lomagne, il mourut pendant la campagne qui suivit la seconde réduction, et ce furent ses enfants qui, sous la tutelle de leur grand-père, Bertrand de Pardeilhan, continuèrent ce grand procès qui se perpétua même après 1459. (V. Baurein, t. IV, p. 256.)

(³) V. *Arch. hist.*, t. IX, p. 41, 48 et 53.

lesquelles amenèrent le procès, reporté à nouveau, par Bertrand de Pardeilhan, grand-père et tuteur des mineurs Pons de Pardeilhan, devant les *Grands-Jours* de 1459. (V. *infrà*, IV° partie, § III, p. 141.)

La *Cour souveraine* avait été saisie par Hélie Capuch, abbé de Vertheuil, en Médoc, d'un procès dans lequel il revendiquait contre Pierre de Montferrand (¹) le droit de prendre, à raison de son abbaye, la dîme en la paroisse de Soussans. Malgré la résistance de Pierre de Montferrand, se disant seigneur de cette paroisse, un arrêt de la Cour avait reconnu les droits de l'abbé. — Cette affaire fut reprise plus tard devant les *Grands-Jours* de 1456 et 1459, contre Bernard de Garos qui avait acquis de Pierre de Montferrand la terre de Soussans et qui ne se reconnaissait pas comme tenu d'exécuter l'arrêt précédemment intervenu contre son vendeur. Après de longs débats, dans lesquels les héritiers de Pierre de Montferrand furent appelés en garantie par Garos, le procès fut, en définitive, renvoyé devant le Sénéchal de Guyenne (²).

Un autre procès avait mis en présence deux signataires du traité de capitulation de 1451, tous deux signalés comme ayant été des plus attachés à la domination

---

(¹) Ainsi qu'on l'a vu ci-dessus, p. 70, Pierre de Montferrand, bien que ce titre lui fût contesté, agissait alors comme sire de Lesparre, (V. Rabanis, *Notice sur Florimond, sire de Lesparre.*) — Les deux frères Bertrand et Pierre de Montferrand prétendaient que la seigneurie de Lesparre était devenue, par testament du dernier seigneur, la propriété de leur mère, Isabeau de Latrau. Le roi d'Angleterre, Henri VI, profitant des nombreuses compétitions dont cette magnifique terre était l'objet, avait mis la main dessus. (V. Ribadieu, *op. cit.*, p. 191 et suiv., et Baurein, *Variétés*, t. I, p. 238 et suiv.)

(²) V. *Arch. hist.*, t. IX, p. 28, 47, 394. — V. sur l'abbaye de Vertheuil, Baurein, t. II, p. 182 et suiv., où se trouve la liste des abbés de ce très ancien monastère. Hélias Capuch ou Capos, licencié, n'y est porté qu'à la date de 1455. Évidemment, il faut le reporter à une date bien antérieure, à moins que le procès n'eût été introduit par son prédécesseur, Menault de Casavelhe (1411).

anglaise : Guillaume Andron, seigneur de Lansac (en Bourgez) (¹), et Bernard Angevin, seigneur de Rauzan (²). Ils se disputaient des terres dont Andron réclamait la moitié. Le procès porté d'abord, en 1446, du temps des Anglais, devant le Sénéchal de Guyenne, fut, après la première réduction, porté, par l'appel d'Andron, devant la *Cour souveraine* qui ne paraît pas avoir eu le temps de se prononcer. Cet appel fut alors déféré au Parlement de Paris par Mondot de Lansac, héritier sous bénéfice d'inventaire de Guillaume Andron, dit de Lansac. Il fut plus tard dévolu à la *Cour des Grands-Jours* qui, le 23 octobre 1456, tout en confirmant la sentence du sénéchal, renvoya la cause et les parties devant ce même juge pour y procéder comme de raison (³).

Deux bourgeois et marchands de Bordeaux, les frères Jean et Raymond Pinetz, avaient, aussitôt après la capitulation de 1451, porté contre Étienne Debat ou Desbas, devant le Sénéchal de Guyenne, une demande en revendication d'héritages détenus par ce dernier. Le Sénéchal ayant accueilli la demande, appel avait été fait de sa sentence devant la *Cour souveraine*. — Mais alors, par la médiation d'amis communs et sous l'autorité de cette

(¹) Guillaume Andron, d'une des plus anciennes familles bordelaises, était propriétaire à Bordeaux d'un vieil hôtel qui a porté successivement le nom de maison de *Beguey* et celui de maison de *Lansac*. Il était situé au coin de la rue d'Enfer et de la rue du Cerf-Volant. (V. Baurein, *Var. bordel.*, t. II, p. 36) — Ce qui restait de cette vieille demeure a disparu lors de l'ouverture de la rue d'Alsace-et-Lorraine.

(²) C'est le personnage, si souvent cité, qu'on retrouve à chaque pas dans ces temps troublés. Anobli et enrichi par les rois d'Angleterre qui l'avaient comblé (V. Ribadieu, *op. cit.*, p. 223), il avait trouvé, dans la souplesse de son esprit et de son caractère, tout ce qu'il fallait pour arriver, sans scrupules, à la plus haute fortune sous les différents maîtres qu'il a servis.

(³) *Arch. hist.*, t. IX, p. 34, 127 et 205. — Aucune des mentions de l'arrêt ne précise l'objet en litige.

Cour, intervint, le 30 juin 1452, un accord en vertu
duquel Debat se désista de son appel. En conséquence,
les frères Pinetz se firent, en forme régulière, mettre en
possession des héritages litigieux. — Cette situation ne
devait pas tarder à être troublée. Au retour des Anglais
(octobre 1452), Debat se remit en possession desdits
héritages, au grand préjudice des frères Pinetz qui ne
purent obtenir justice contre cette violence que bien plus
tard en s'adressant à la *Cour des Grands-Jours* de 1456.
— Devant cette Cour, Debat, tout en déclarant qu'il ne
s'opposait pas à l'exécution de la sentence du Sénéchal,
prétexta qu'il y avait équivoque sur les termes de cette
sentence et de l'accord intervenu à la suite. Ce fut aussi
l'avis du procureur du Roi, qui prit la parole après les
plaidoiries des avocats. En conséquence, la Cour, tout
en appointant que la sentence et l'accord devaient être
exécutés selon leur forme et teneur, ordonna la compa-
rution en personne de l'huissier qui avait procédé à l'exécution et l'apport devers elle des deux relations produites
par les parties, sans dépens (¹). — La suite de cette affaire
manque.

Bien des affaires portées en appel devant la *Cour souveraine* durent avoir le même sort. Elles ne purent y être
expédiées par suite de l'arrivée de Talbot en Guyenne :
« par quoy cessa laditte *Court souveraine* et depuis a esté
» laditte ville réduite à l'obéissance du Roy, et ordonné
» que les causes pendans en laditte *Court souveraine*
» seroient traictées en la Court de Parlement (²). »

(¹) V. *Arch. hist.*, t. IX, p. 112 et 147.

(²) Ainsi s'exprime un arrêt de la Cour des Grands-Jours tenus à
Thouars en 1455. (Arch. nationales, *Grands-Jours de Thouars*, X¹ᵃ, 9210,
fᵒ 203.) — Les registres de ces Grands-Jours contiennent sur les événements de cette époque des renseignements qui en rendraient la publication très utile pour l'histoire de la Guyenne pendant cette période
assez confuse.

ÉPILOGUE

On a déjà vu *suprà* (p. 71 et suiv.) ce qui était advenu aux Français surpris dans Bordeaux au moment de l'entrée des Anglais.

Vainement Talbot, dès son arrivée en cette ville, avait-il fait crier et notifier que ceux qui avaient prêté serment au roi de France eussent à s'abstenir de la prise des Français et de toute atteinte à leurs biens.

La cupidité, autorisée par un usage alors constant, avait audacieusement bravé ses défenses, et Talbot avait dû sévir contre les contrevenants qui lui avaient été signalés.

Investi alors des pouvoirs les plus étendus, il semble que le grand capitaine eut seul le droit d'administrer la justice en Guyenne.

Qu'il lui appartînt de statuer en matière criminelle, on ne saurait en douter, les juridictions ordinaires se trouvant de fait en interdit, par suite de l'état de trouble du pays.

Ce qui est plus remarquable, c'est de le voir statuer même sur des intérêts civils. Il le fit, du moins, dans une circonstance qui est à noter.

Une contestation plus que séculaire existait entre les habitants de Rions et ceux de Podensac au sujet d'une île de la Garonne dont ils se disputaient la possession. Ce litige paraissait cependant avoir été vidé depuis longtemps par une sentence arbitrale que, le 3 janvier 1318/19, Gaillard de Gresinhac avait rendue entre Arnaud Seguin, seigneur de Rions, et Navarra, dame de Podensac, femme de Pierre Calhau.

François de Montferrand (¹) et les habitants de Podensac,
sans égard à cette ancienne décision, avaient, en 1451
ou 1452, renouvelé la contestation contre le capitaine et
les habitants de Rions.

Talbot, saisi de ce différend, statua le 17 mars 1452/53,
en déclarant injuste et téméraire la demande de François
de Montferrand et en ordonnant de plus fort l'exécution
de la sentence de 1318 (²).

Mais ce qui est plus intéressant encore que cette décision, c'est la forme en laquelle elle fut rendue.

Talbot (³), après avoir constaté qu'il est porté devant
lui, en son auditoire, dans l'Échiquier du château royal
de l'Ombrière de Bordeaux, un procès entre François de
Montferrand et les habitants de Podensac, demandeurs,
d'une part, et les capitaine, prévôt et habitants de Rions,
tant dans l'intérêt du Roi que dans leur propre intérêt,
d'autre part, expose qu'après de longs débats et après
avoir entendu les parties elles-mêmes, celles-ci ayant été
mises hors l'auditoire (... *las partidas susdeitas, ayssi
cum es de costuma, gitadas deffora lodeit nostre auditori*),
la délibération a été ouverte avec les savants en droit...
(... *agut consell et deliberation ab sabis en dreyt con-
seilhers et autres...*), pour avoir l'opinion des clercs et

(¹) François de Montferrand, seigneur d'Uza, de Landiras, de Belin,
de Portets et de Podensac, était fils de Pierre de Montferrand, soudan
de Latrau, dont on connaît la triste fin en 1454. Proscrit, après la
bataille de Castillon, François se réfugia en Angleterre où il vécut plus
de dix ans des secours du roi. (V. Rymer, t. V, part. 2, p. 56 et 96.)
Après la mort de son père, il continua à se qualifier, comme lui, de
seigneur de Lesparre, sans avoir jamais eu, plus que lui, la possession
de cette terre. Il s'attacha, par la suite, au service du frère de Louis XI,
Charles de France, le dernier duc de Guyenne. (V. Baurein, *Variétés*,
t. I, p. 142 et suiv., et t. VI, p. 28.)

(²) V. *Arch. hist.*, t. XVI, p. 368.

(³) Entre autres titres que prend Talbot dans cet arrêt, est celui de
maréchal de France.

autres *(... per aver la sana opinion deus clercx et autres...).*
— Après quoi, les parties, ramenées dans l'auditoire, ont requis de leur faire droit et justice sur la cause susdite.

« Voulant, continue Talbot, suivant notre pouvoir,
» garder et observer les ordonnances du Roi et le droit
» de chacun, après avoir mûrement *(majorament)* examiné
» le mérite de la cause, les dépositions des témoins pro-
» duits par les parties, les papiers et tous les documents,
» surtout la transaction faite par Gaillard de Grésinhac... »
— « Nous, lieutenant et gouverneur susdit (le nom de
» Dieu premièrement invoqué et les saints Évangiles
» posés devant nous), par sentence définitive prononçons
» et déclarons la demande mal fondée, etc., etc. (1). »

Talbot eut-il encore à statuer sur d'autres affaires? Rien ne le révèle. — A quelque temps de là, le 14 juillet 1453, Henri VI nommait Roger de Camois sénéchal de Guyenne, mais son rôle devait être plus militaire que judiciaire. Trois jours après (17 juillet), le grand Talbot trouvait la mort dans la plaine de Castillon, et Bordeaux capitulait une seconde fois le 9 octobre suivant.

Restait à Charles VII d'organiser sa nouvelle conquête, mais il avait, avant tout, à s'en assurer la possession. Aussi, tout en consentant, par ses lettres-patentes du 9 octobre 1453, à accorder aux Bordelais l'amnistie qu'ils avaient sollicitée, il ne leur rendait pas encore leurs privilèges. Il proscrivait les principaux rebelles et décla-

---

(1) M. Barckhausen *(op. cit.,* p. xɪ) signale avec raison cet arrêt comme fournissant des détails fort pittoresques sur la tenue des audiences d'alors. On peut rapprocher de ce document divers passages de la vieille Coutume de Bordeaux où l'on voit des *sabies costumers* appelés en la cour du Maire de Bordeaux, à Saint-Éloi, pour concourir aux décisions de cette cour, à la façon dont Talbot fait concourir les *sabis en dreyt* à l'arrêt ci-dessus. — Ne semble-t-il pas qu'encore à cette époque, on eût conservé la forme des jugements du préteur romain?

rait les prisonniers français libres et quittes de toute rançon.

Quant à l'administration de la justice, il n'en est pas dit un mot. — Il n'y a plus du reste d'appel possible qu'au Parlement de Paris. Charles VII ne tardera pas à le déclarer lui-même expressément. Par lettres-patentes du 11 avril 1453/54, il édictait en effet que Bordeaux et la Guyenne continueraient à faire partie du ressort du Parlement de Paris. Il admettait cependant que leurs habitants pussent prendre à Toulouse les lettres de relief des appels qu'ils interjetteraient (1). Charles VII terminait en promettant que tous les ans, ou tous les deux ans, des Grands-Jours seraient tenus à Bordeaux pour juger en dernier ressort certaines affaires de la province. (V. *infrà,* IVᵉ partie.)

En attendant, allaient bientôt (1454) arriver à Bordeaux des commissaires spéciaux chargés de réformer l'administration de la justice en Guyenne. C'est de la mission de ces commissaires que j'ai maintenant à m'occuper (IIIᵉ partie).

(1) On ne tardait pas à s'apercevoir des difficultés et des embarras de toutes sortes que causait le renvoi au Parlement de Paris des appels interjetés des diverses juridictions de Guyenne. Dès 1454, des Grands-Jours de ce Parlement étaient tenus sur les frontières de cette province, à Saintes, à Angoulême, à Limoges et à Périgueux. En 1455 et 1456, c'était à Thouars qu'était tenue une nouvelle session de ces Grands-Jours. (V. aux Archives nationales, Xˡᵃ, n° 9210.) — C'était là un adoucissement bien faible de la situation faite aux habitants de la Guyenne.

TROISIÈME PARTIE

LES COMMISSAIRES ROYAUX DE 1454

I. — Aperçu historique.

Au moment où l'année 1454 s'était ouverte, la Guyenne était encore sous le coup d'une récente et dernière conquête, celle-là définitive. Les campagnes étaient dévastées, et les villes, Bordeaux surtout, étaient sous la terreur produite par les proscriptions décrétées contre les plus notables habitants du pays [1]. Ce n'était donc pas trop d'une politique habile pour essayer de ramener le calme et la sécurité dans cette province désolée. Il sembla alors que Charles VII, se départant de ses premières rigueurs, voulût entrer dans cette voie de réparation, lorsque furent publiées ses *Lettres de Pardon,* du 11 avril 1454. Il n'en tenait pas moins à amener la Guyenne au régime de l'administration française, sans trop s'enquérir des froissements qui devaient en résulter. Aussi, fit-il appliquer à sa nouvelle conquête les formes administratives et les essais de centralisation qu'il s'efforçait alors de faire prévaloir dans tout son royaume. A l'idiome gascon que tout le monde parlait, dans lequel jusque-là avaient été écrits tous les actes officiels, délibérations de la jurade, actes notariés, etc., etc. [2], fut

---

[1] Conf. Ribadieu, *op. cit.,* p. 362 et suiv., où se trouve avec détails la narration de cette triste période de notre histoire locale.

[2] Longtemps après encore, les minutes des notaires en font foi, la langue gasconne était seule employée par eux. Ainsi, le testament de Potou de Xaintrailles, qui, il est vrai, était né près de Nérac, fut fait à Bordeaux, le 20 mars 1461, en termes gascons.

désormais substituée, pour tous les actes de l'administration centrale, la langue française, que les gens du
peuple ne comprenaient pas. A l'impôt librement voté par
les trois états du duché, succédèrent les taxes en usage
dans le royaume de France : la taille, les aides et les
subsides (logement, solde et entretien des gens de
guerre).

Pour appliquer les ordres royaux et en assurer l'exécution, le comte de Clermont (¹) fut fait lieutenant
général du roi en Guyenne, pendant que Théodore de
Valpergue, bailli de Lyon (²), fut commis à l'administration civile de cette province.

Quant à l'administration de la justice, Charles VII ne
tardera pas à s'en occuper, d'autant qu'il vient, par des
lettres-patentes récentes (17 avril 1453/54), d'apporter
de grandes et importantes réformes dans l'organisation
judiciaire du royaume.

Le préambule de ces lettres-patentes mérite qu'on s'y
arrête un instant. Après avoir rappelé qu'à son avènement, il avait trouvé le royaume aux mains des Anglais,
et qu'il avait successivement repris la Champagne, la
Picardie, le Vermandois, l'Ile de France, Paris, puis
récemment la Normandie, le Perche, la ville de Bordeaux
et le pays de Guyenne, le roi ajoute : « Que cependant
» par ces guerres la justice du royaume a été abaissée
» et opprimée; que les anciennes ordonnances ont cessé
» d'être appliquées en la Cour du Parlement et autres
» Cours de justice; que les royaumes, sans bon ordre de
» justice, ne peuvent avoir durée ni fermeté aucune, etc. »

(¹) Jean de Bourbon, comte de Clermont, qui figure, en 1451, au premier rang des commandants des forces françaises en Guyenne, et qui,
dès cette époque, avait été gouverneur de cette province.

(²) Il avait été l'un des capitaines placés sous les ordres du comte de
Clermont.

Partant de là, Charles VII va tracer, dans une ordonnance qui a été notre premier code de procédure, des règlements dont plusieurs survivront à ce premier essai. — La composition du Parlement et sa compétence, l'expédition des affaires, les attributions des baillis et des sénéchaux, occupent les premiers articles. Arrêtons-nous surtout à un article (art. 125) qui intéressait particulièrement le pays bordelais. Le roi voulait que désormais le style de la Cour du Parlement de Paris servît de règle aux juges et aux avocats : « Nous n'entendons aucune-» ment, dit cet article, déroguer au stile de nostre Court » de Parlement, et prohibons à tous les advocats de » nostre royaume qu'ils n'allèguent autres coutumes, » usages et stiles que ceux qui seront escripts et décrétés » comme dict est. »

Cette question du *style*, c'est-à-dire de la façon d'instruire et de plaider les procès, était grosse de difficultés et de conflits inévitables dans son application à la Guyenne. Déjà la résistance des légistes et des praticiens bordelais à ces innovations s'était annoncée comme l'une des plus tenaces de celles que rencontrait l'administration française. Charles VII ne devait pas tarder à y mettre bon ordre; mais il avait eu à pourvoir à des besoins plus pressants. Il lui fallait de l'argent, et même beaucoup d'argent.

Aussi n'avait-il pas hésité, par ses lettres de Pardon elles-mêmes, à décréter de nouveaux impôts, qui, présentés comme substitués à une ancienne coutume et aux subsides accoutumés, n'en allaient pas moins frapper d'un coup mortel le commerce bordelais, en même temps que compromettre l'alimentation des habitants. Une taxe de vingt-cinq sous par tonneau, payables par l'acheteur, fut mise sur tous les vins « chargez en tout le païs con-

» questé, et aussi mené hors dudit païs, tant par eau, » comme par terre. » Une autre taxe de quatre deniers par tonneau était, en outre, payable par le vendeur de vins « menés hors dudit païs. »

Après le vin, c'était sur toutes les denrées et marchandises conduites au dit pays ou exportées d'icelui, par eau ou par terre, qu'était mis un impôt de douze deniers pour livre (1). Une exception était cependant faite pour le poisson frais, la viande vendue au détail, la volaille, les œufs et le laitage; mais le blé, le seigle, les pois, les fèves, le poisson salé dont la population pauvre faisait une grande consommation, restait soumis à la taxe.

Les Bordelais ne furent pas les seuls à se plaindre de ces nouveaux impôts. Les Espagnols, invoquant leurs traités d'alliance avec la France et les privilèges à eux concédés, refusaient de se soumettre à des taxes plus fortes même que celles qu'ils subissaient en Guyenne du temps des Anglais.

A Londres, l'émotion ne fut pas moins vive. Le commerce des vins bordelais y était très actif depuis longtemps, et les nouveaux impôts vinrent ajouter à l'irritation qu'entretenaient, du reste, les nombreux Gascons proscrits ou réfugiés en Angleterre. On y arriva même à penser que l'occasion était favorable pour tenter une nouvelle descente en Guyenne. — Dès le mois de juin 1454, les plans d'une expédition étaient préparés. Elle ne devait pas tarder à s'exécuter sous la conduite de Pierre de Montferrand, dont il a été souvent question jusqu'ici, et qui était du nombre des vingt bannis de

____

(1) Comme le remarque avec raison M. Ribàdieu, *op. cit.*, p. 377, cet impôt existait sans doute déjà sous l'administration anglaise; mais il était prélevé au profit de la Ville et, sauf le poisson salé, il frappait moins les objets d'alimentation que certaines marchandises : le plomb, le fer, la résine, et n'était, du reste, perçu qu'à la sortie.

Bordeaux. On sait la triste façon dont elle échoua. Le pseudo-sire de Lesparre paya de sa tête cette tentative suprême de l'autonomie gasconne ([1]).

L'émotion produite par cette échauffourée était à peine calmée, qu'on voyait s'installer au palais de l'Ombrière quatre personnages bien connus pour leur attachement au roi de France. C'étaient Jean de Jambes, chevalier, conseiller et premier maître d'hôtel du roi, seigneur de Montsaureau, et gouverneur de La Rochelle; — Jean Bureau, le célèbre artilleur, aussi conseiller du roi, trésorier de France et maire de Bordeaux; — Girard Le Boursier, aussi conseiller du roi, maître des requêtes ordinaire; — enfin Jean Augier, trésorier de France au pays de Guyenne. — Ils étaient chargés de régler, par des ordonnances rendues sur le fait de la justice et police dans la ville et cité de Bordeaux, ainsi que dans le pays et duché de Guyenne, l'instruction des procès et les salaires à percevoir par les divers officiers de justice ([2]).

La mission était aussi difficile que délicate. Tout atteste que, pour la remplir, les hauts commissaires ne négligèrent aucun moyen d'information. Établis dans le château de l'Ombrière, ce centre aussi ancien que respecté de l'administration de la justice en Guyenne, ils ne se contentèrent pas de fouiller dans les archives du vieux château où, depuis des siècles déjà, s'étaient accumulés des documents de toutes sortes ([3]), ils appelèrent à eux les

---

([1]) V. dans Ribadieu, *op. cit.*, p. 378 et suiv., la narration de ces événements, et encore Baurein, *Variétés*, t. I, p. 240 et suiv.

([2]) A cette date (1454), de Lurbe, *Chroniq.*, dit : « Jean Bureau, » trésorier de France, est fait par le Roi Maire de la Ville, lequel, avec » l'avis des juristes et gens notables, pourvoit à ce qui est de la justice » ordinaire. »

([3]) Y retrouvèrent-ils encore le *Papirus Niger* dont le *Livre des Bouillons* a révélé l'existence? Ils y trouvèrent plus sûrement le Règlement fait en 1378 par le Conseil royal de Guyenne.

gens notables de la ville, les légistes les plus renommés, ces *sabis en ley,* comme les nomme la vieille coutume.

La préparation fut sans doute assez longue. Elle fut certainement traversée par divers incidents élevés par les nombreux individus que ces innovations inquiétaient : légistes de tous ordres, clercs, greffiers et sergents, qui ne voyaient pas sans préoccupation la fin d'un régime où l'arbitraire avait présidé à presque tous leurs agissements. La résistance la plus vive était encore celle des gens d'église qui, grâce à la faveur constante des rois d'Angleterre, avaient pu impunément empiéter largement sur les juridictions laïques. Il y avait même un grief de plus pour les Chapitres de Saint-André et de Saint-Seurin, pour l'abbaye Sainte-Croix et l'hospice Saint-Jacques, qui avaient jusque-là joui du privilège de faire entrer leurs vins sans payer la *coutume* et qui se sentaient menacés dans cette faveur traditionnelle. Si cependant l'on ne tarda pas à céder sur ce dernier point à leurs réclamations, il n'en restait pas moins bien des causes d'irritation. Le Chapitre de Saint-Seurin s'était particulièrement fait remarquer par une hostilité déclarée. Son attachement à l'ancien ordre de choses avait persisté en dépit de tous les événements. Il se rappelait trop, et se souvint même trop longtemps après, que son doyen avait contribué en 1452 à ramener les Anglais en Guyenne, et que ses démarches lui avaient valu alors les faveurs les plus amples de Henri VI ([1]).

(1) Ce Chapitre, plus particulièrement recruté parmi les fils de la bourgeoisie bordelaise, avait les passions de celle-ci. De là, l'antagonisme si remarqué entre ce Chapitre et celui de Saint-André qui, après la conquête, fut plus accessible au nouveau régime, recruté qu'il était déjà, même du temps des Anglais, de personnages étrangers au pays.(V. *suprà,* Ire partie, p. 33, note 5) — C'est ainsi que s'est formée l'opinion, très répandue alors, que l'un tenait pour le parti anglais et l'autre pour le parti français. (V. *Arch. hist.,* t. III, p. 47 et suiv.; *Livre des Bouillons,*

L'abbé de Sainte-Croix, de son côté, n'avait pas moins fait personnellement pour se rendre suspect au roi de France. C'était alors Pierre VI de Béarn, trente et unième abbé de Sainte-Croix de Bordeaux ([1]). Dès la première occupation de cette ville par les Français, en 1451, il s'était retiré à Lescar, en Béarn; mais rappelé aussitôt dans son couvent, il s'était décidé à faire serment de fidélité au roi de France, et il était ainsi resté paisible possesseur de son abbaye. Sa fidélité n'avait cependant pas survécu au retour des Anglais en 1452. Il s'était alors montré ouvertement ennemi du roi de France. Il avait même poussé l'hostilité jusqu'à la trahison, en donnant aux Anglais des renseignements sur le pays. Enfin, depuis la dernière réduction, il s'était absenté, pour n'avoir pas à prêter le serment dont il était tenu pour son abbaye.

Cette attitude plus qu'équivoque ne tarda pas à éveiller l'attention des hauts commissaires de Charles VII. En même temps qu'il y avait à sévir contre une hostilité déclarée qui était d'un mauvais exemple, il était urgent de sauvegarder et de mettre sous la main du roi les revenus de cette importante abbaye.

C'est ce que firent, le 30 septembre 1454, les commissaires J. de Jambes, Jean Bureau et Girard Le Boursier, en nommant deux séquestres pour le temporel de l'abbaye de Sainte-Croix. Dans les lettres officielles qu'ils donnèrent à ce sujet, ils ne manquent pas, comme c'était leur droit, de relever les divers incidents de la conduite

p. 424 et suiv.) — Bien plus tard encore, le Chapitre de Saint-Seurin, persistant dans son hostilité à l'égard des juridictions royales à Bordeaux, sollicitait et obtenait des lettres d'évocation renvoyant au Parlement de Toulouse la connaissance de toutes ses affaires litigieuses.

([1]) Il était chanoine de Saint-André dès 1435, et en 1438 il s'était rendu à Avignon pour continuer ses études. — Il y avait, à cette époque, un Pierre-Arnaud de Béarn, chevalier, et un Raymond-Arnaud de Béarn, seigneur de Saint-Aubin-en-Jales.

plus que suspecte de l'abbé Pierre de Béarn. Ils justifient ainsi la mesure qu'ils vont prendre en choisissant pour séquestres des gens suffisants et solvables, pouvant répondre et rendre bon compte. Ils nomment, en conséquence, M° Guillem Girard, licencié en décrets et procureur général en l'Université de Poitiers, et Jean Des Vignes, écuyer. Commission leur est donnée de lever tous les fruits, profits et revenus du temporel du couvent, en quelque lieu que ce soit (1), et par toutes les voies accoutumées, en remettant toutefois aux religieux du dit couvent, pour le service divin et pour leur alimentation, ce qui leur sera nécessaire, ainsi qu'il est accoutumé. Ils devaient payer, en outre, toutes les charges et devoirs dont l'abbaye était tenue, gardant le surplus entre leurs mains jusqu'à ce que, par le Roi, il en fût autrement ordonné (2).

Cet incident, qui avait dû un instant distraire l'attention des Commissaires du travail qu'ils préparaient, ne fut pas le seul qui les détourna de la rédaction des règlements judiciaires.

Il y avait en effet urgence à mettre en œuvre dans le port de Bordeaux et dans toute la Guyenne les impôts récemment mis sur les vins et les denrées de toutes sortes. Aussi, dès le mois de septembre 1454, ils arrêtaient des instructions détaillées sur la manière dont ces impôts devaient être levés et perçus.(3).

(1) V., à cet égard, *infrà*, IV° partie, le procès fait à un chanoine de Saint-Seurin, Martin Milet, qui avait fait passer à Pierre de Béarn une somme de 70 francs bordelais provenant des revenus de l'église de Mérignac, dépendant alors du prieuré de Pompignac, dépendant lui-même du couvent de Sainte-Croix de Bordeaux.

(2) *Arch. hist.*, t. I, p. 50. — Par suite d'une lecture erronée, le nom de *J. de Faabas* a été mis pour celui de J. de Jambes.

(3) Cette « instruction et ordonnance faicte au mois de septembre 1454 par messieurs les commissaires ordonnés par le Roy au païs,

Il suffit de résumer ici ces instructions dans ce qu'il est utile de retenir. Elles étaient adressées au receveur général du pays de Guyenne et autres officiers à ce commis, et sont précédées d'un aperçu des nouveaux impôts.

La taxe sur tous les vins menés hors de la rivière de Gironde et hors le pays de Gascogne, était payable — avant qu'ils fussent chargés — par l'acheteur ou par ceux qui les exporteront, à raison de 25 sols par tonneau, soit 12 sols 6 deniers par pipe, — et par le vendeur, à raison de 4 deniers, soit 2 deniers par pipe (¹).

Pour les denrées et marchandises importées ou exportées, elles étaient taxées à 12 deniers par livre, sauf cependant les denrées et marchandises à détailler pour vendre, telles que volaille, fruits, herbes, fromage, laitage, et en général toutes choses destinées à être mangées et qui ne pouvaient se garder longtemps.

Pour la perception de ces taxes, un règlement était arrêté afin d'éviter les fraudes qui pourraient se commettre dans la recette de ces impôts. — Registre devait être tenu de toutes les sommes reçues.

Le visiteur des navires devait vérifier le chargement et le déchargement des marchandises et en faire un rapport.

Comme il s'élevait souvent des débats entre les receveurs et les chargeurs de vins au sujet des breuvages que ces derniers prétendaient être accoutumés d'avoir en

« de Bordeaux et de Bourdalois et au païs de Guyenne nouvellement » conquesté sur les Anglais, ses anciens ennemis... », se trouve à la fin de la série des ordonnances rendues par ces commissaires sur le fait de la justice et police. — Toutes ces ordonnances sont transcrites à la suite d'une copie de l'ancienne coutume de Bordeaux appartenant aux Archives municipales de Bordeaux, où elle est classée : série A. A. C.

(¹) La pipe de vin était une mesure de capacité fort ancienne dans le pays bordelais. Elle équivalait à deux barriques. Il y eu avait de deux sortes : les petites et les grosses pipes. (V. Arch. hist., t. XXI, p. 416.)

franchise, le receveur était autorisé à leur laisser pour cette destination jusqu'à 3 0/0 de la marchandise, ainsi qu'il était d'usage.

Outre les taxes ci-dessus, les marchands étaient tenus de payer les anciennes coutumes de Branche (1), de Quilhage (2) et de Cordouan (3), « qui est peu de chose, » ajoute l'ordonnance, parce que de toute ancienneté a » été accoustumé de faire. »

En réponse aux réclamations élevées par les Espagnols (V. *suprà*, p. 92), les Commissaires déclarent qu'ils devront payer les 12 deniers d'entrée et d'issue comme les sujets du royaume, parce que c'était un subside nouveau imposé « en lieu des autres charges que supportent » ceux du royaume ».

Une prime, fixée au quart de la valeur des marchandises signalées, était accordée aux dénonciateurs des fraudes commises.

La ferme des impôts de 25 sous tournois par tonneau de vin, et de 12 deniers pour livre de toutes marchandises, tant à l'entrée qu'à la sortie, devait être mise aux enchères et adjugée au plus offrant et dernier enchérisseur, sur la mise à prix de 20,000 livres tournois. La ferme devait embrasser la période de la Saint-Michel

---

(1) C'était dès lors un bien vieil impôt que le droit de la branche de cyprès délivrée au maître de navire qui avait chargé des vins devant Bordeaux. Cette dénomination venait de la forêt du Cypressat, située en face de Bordeaux. (V. *Chronique bourdeloise*, année 1453; Cleirac, p. 151; Baurein, *Variétés bordelaises*, t. I, p. 67; Francisque Michel, t. I, p. 206 et 382.)

(2) Ce droit de *quillage*, établi du temps des Anglais, était perçu sur tout navire qui avait besoin d'être radoubé ou dont la quille devait être réparée ou changée. (V. Francisque Michel, t. I, p. 203.)

(3) Le droit de la Tour de Cordouan datait de loin. Il était perçu sur tout navire chargé de vins se dirigeant vers la mer. (V. *Anciens et nouveaux statuts de la ville de Bourdeaux*, p. 153; Fr. Michel, t. I, p. 209 et suiv.; Baurein, *Variétés*, t. I, p. 85.)

prochaine à la Saint-Michel suivante. Diverses dispositions étaient enfin arrêtées relativement aux conditions de l'adjudication, à la caution qui devait être fournie par l'adjudicataire, etc.

Ces instructions toutes fiscales n'étaient qu'une petite partie des ordonnances que les Commissaires préparaient pour toutes les juridictions royales, afin de régulariser notamment les salaires qui y étaient perçus.

Leur œuvre, terminée vers la Noël 1454, était officiellement publiée, le 28 janvier 1454/55, au château de l'Ombrière, en l'audience du Sénéchal de Guyenne, et en présence, dit le procès-verbal, « de M° Girard Le Boursier, conseiller et maistre des requestes ordinaire de l'hostel du roy, de Jean Augier, trésorier de Guyenne, et de moi Joachim Luart, notaire et secrétaire du Roy, commissaires ordonnés par ledit seigneur pour le faict de la justice et de la police du pays de Guyenne. »

Ce sont ces ordonnances qu'il s'agit maintenant d'étudier, après avoir dit un mot des commissaires et de leur mission.

II. — Personnel des Commissaires; attributions.

Charles VII a été surnommé par ses contemporains eux-mêmes *Charles le bien servy*. « Ces secours d'autrui, » a justement remarqué M. Vallet de Viriville, « auxquels Charles VII dut son étonnante fortune, se montrent avec le caractère du merveilleux dans la personne de la Pucelle. Le merveilleux se retrouve encore dans l'ensemble, dans le nombre et dans le concours de ces influences qui sauvèrent et protégèrent Charles VII, en le servant. »

En chargeant des commissaires de réformer l'administration de la justice et de la police en Guyenne, ce prince avait à faire choix de personnages dont l'autorité devait imposer le respect de leurs décisions, quelle que fût la résistance qu'elles pussent rencontrer.

En tête de ces personnages, était placé Jean de Jambes, un des conseillers intimes du roi, premier maître de son hôtel, sire de Montsaureau, gouverneur de La Rochelle. Il était déjà venu en Guyenne en 1453, et avait été alors l'un des négociateurs français de la deuxième capitulation de Bordeaux (9 octobre). Il fut employé plus tard dans des négociations importantes, à Venise, en 1458, et au Congrès de Mantoue, en 1459.

Après lui était nommé le célèbre artilleur Jean Bureau, maire de Bordeaux dès la première capitulation. Il était lui aussi conseiller du roi et trésorier de France.

Venait ensuite Girard Le Boursier, aussi conseiller du roi et maître des requêtes ordinaire de son hôtel. Il était fils ou parent de Jean Le Boursier, sire d'Esternay, conseiller du roi pour les finances, ambassadeur à Genève, amiral de la flotte française devant Blaye et maire de Bayonne. Girard Le Boursier fut plus tard désigné, avec Valpergue, Xaintrailles et autres, pour faire construire le fort du Hâ et le Château-Trompette.

Enfin était nommé Jean Augier, trésorier de France au pays de Guyenne.

A ces personnages faut-il peut-être ajouter Joachim Luart, notaire et secrétaire du roi, qui, comme on l'a vu ci-dessus, au moment de la publication des ordonnances, s'est rangé lui-même parmi les commissaires ordonnés par le roi sur le fait de la justice et de la police au pays de Guyenne. Plus tard, on le retrouve encore, comme notaire et secrétaire du roi, pendant les *Grands-Jours* de 1456 et de 1459, très activement mêlé aux affaires de cette époque (¹). Il remplit probablement auprès des Commissaires de 1454 le rôle de secrétaire. Ce n'était pas trop d'un homme expérimenté dans les choses judiciaires pour aider aux travaux d'une commission où l'élément légiste faisait quelque peu défaut. Sans doute, comme les Commissaires le disent et le répètent, ils ont recouru souvent aux lumières des gens notables et aux renseignements fournis par les archives du château de l'Ombrière; mais encore fallait-il fixer les décisions adoptées dans une rédaction méthodique et conforme aux usages.

La tâche, en effet, telle que les Commissaires l'avaient comprise et l'ont réalisée, était éminemment pratique et devait s'étendre même aux plus menus détails des formalités judiciaires.

Voici, par aperçu, les points sur lesquels ils ont statué et qu'ils ont réglés :

Formalités des appels et leurs suites;

Forme des jugements;

Dénonciation à faire au Procureur Général du Parlement de Paris des abus de justice et des usurpations ecclésiastiques;

Taxe des salaires des greffiers et clercs en Cour du juge des appeaux de Gascogne et en Cour du sénéchal de Guyenne;

Taxe des salaires des fermiers du scel dans ces deux Cours;

Taxe des salaires : du Prévôt de l'Ombrière et de son greffier; — du Garde de l'exécution du scel et contre-scel et de son greffier; — du Fermier du petit scel et des sergents;

Taxe du portier de la porterie de l'Ombrière et règlement des prisons du Château;

Enfin règlement des assises que le Sénéchal de Guyenne devra successivement tenir au pays bordelais et en Bazadais.

Abordons maintenant les décisions intervenues sur ces divers points.

(¹) V. *infrà*, IVᵉ partie, p. 175, un incident élevé au sujet de Mᵉ Luart, comme membre de la Commission des prises.

III. — **Les ordonnances.**

Pour donner une idée succincte, mais exacte, de ces ordonnances (¹), nous allons suivre l'ordre des matières ci-dessus indiqué.

Formalités des appels et leurs suites.

Informés, déclarent les Commissaires en commençant, qu'à Bordeaux et en la sénéchaussée de Guyenne, il était fréquemment fait des appels uniquement pour retarder le jugement des procès : ce qu'on pouvait faire impunément depuis qu'aucune amende n'était plus payée pour les faux appels au grand mépris de justice, ils font aussitôt la remarque suivante : « toutesfois, il nous est » apparu par les registres et papiers anciens par nous » trouvés au chasteau de l'Ombrière, que anciennement » les mal instigans et faulx appelans soulloient paier » admende au profit du Roy, et mesmement despuis que » ladicte Duché fut mise et baillée en la main du Roy » d'Angleterre ».

En conséquence, pour obvier à ces fraudes et malices, il est ordonné que dorénavant tous les appelans des sentences des juges royaux et autres au juge de Gascogne seront tenus de relever leurs appels (²), savoir : ceux demeurant à Bordeaux ou dans la banlieue, dans la quinzaine qui suivra la date des appels interjetés; ceux

---

(¹) Le manuscrit où se trouvent ces ordonnances (V. *suprà*, p. 96, note 3) devant être publié par la Commission de publication des Archives municipales de Bordeaux, il n'y a lieu ici que de présenter un aperçu des décisions prises par les commissaires, en ce qu'elles ont de plus intéressant à retenir pour l'histoire judiciaire de la province.

(²) *Relever appel*, c'était intimer devant un juge supérieur la partie qui avait eu gain de cause, afin de faire statuer sur l'appel *interjeté* de sa sentence.

demeurant au delà, dans un mois après lesdits appels. — Faute de quoi et ledit délai passé, le juge dont il sera fait appel pourra mettre sa sentence à exécution, et l'appelant sera ajourné devant le juge de Gascogne pour s'entendre condamner à 60 sols tournois d'amende.

Les juges inférieurs qui auront rendu des sentences réformées par le juge de Gascogne paieront, pour chaque jugement réformé, 60 sols tournois d'amende ([1]).

Suivent diverses prescriptions réglementaires imposées aux juges dont était appel relativement à l'exécution de leurs sentences, ainsi que celles dont étaient tenus les sergents et autres exécuteurs de lettres, sentences, ou commandements de justice, en cas d'appel.

La renonciation à un appel interjeté devra être enregistrée dans le registre ordinaire du greffier du juge dont est appel. — Il sera payé 10 sols d'amende pour fol appel.

Les appels du sénéchal de Guyenne ou du juge de Gascogne, ainsi que ceux des autres juges royaux de ladite sénéchaussée, en tant qu'ils ressortissent de plein droit de la Cour du Parlement de Paris, devront être relevés dans les trois mois après qu'ils auront été interjetés. — Faute de quoi, et ledit délai passé, il pourra être procédé à l'exécution. — Néanmoins, l'appelant pourra être condamné à l'amende de 60 sols parisis pour fol appel.

Le sénéchal ou le juge de Gascogne, ainsi que les

([1]) Cette disposition a tout l'air d'une innovation française. Antoine Loysel l'a formulée bien plus tard ainsi : « Les juges non royaux qui » ont failli en fait et en droit, doivent l'amende, à la discrétion de la » Cour. » Cette règle était prise de l'article 26 de l'Ordonnance de Louis XII, en 1488, qui punissait le juge qui avait manifestement erré en fait et en droit. — V. encore l'article 36 de l'Ordonnance de François Ier de 1540, et Brodeau sur Louet, Lett. J, somm. 14.

autres juges susdits, seront tenus d'envoyer en la Cour du Parlement, aux jours de la sénéchaussée de Guyenne, et par l'entremise du Procureur Général du Roi, la déclaration des appels interjetés de chacun d'eux, sous peine d'être punis à l'ordonnance de ladite Cour.

Les renonciations aux appels du sénéchal ou du juge de Gascogne, ainsi que des juges royaux susdits, devront être, dans la huitaine où ces appels auront été interjetés, transcrites au registre ordinaire desdits sénéchal et juges ; — il sera payé une amende de 60 sols tournois.

Comme se rattachant à la matière des appels, les Commissaires relèvent un abus très grave qui se produisait, à ce qu'il paraît, assez fréquemment. — Il est advenu parfois, disent-ils, que des juges, après le prononcé de leur sentence dont appel a été interjeté, ont corrigé, par addition ou diminution, ce qu'ils avaient prononcé. — Dorénavant, pour éviter cet abus, les juges, avant de prononcer, devront remettre le *dictum* (¹) de leur sentence au greffier de la Cour, lequel devra incontinent transcrire ce *dictum* sur le registre ordinaire du greffe. — En con-

(¹) Le *dictum* d'une sentence était son dispositif. Les arrêts n'étant pas motivés, ce *dictum* était non seulement alors, comme depuis, la partie essentielle du prononcé, mais encore le seul moyen de fixer le sens de la décision intervenue. — Le juge ne pouvait donc prononcer une sentence autre que celle portée dans le *dictum*, parce qu'il ne pouvait changer sa sentence définitive, suivant les prescriptions de la loi romaine : « *Si erraverit in sententiâ dicendâ, corrigere eam non potest.* » V. D. *de receptis qui arbitrium*, 1. 19, § 2. — L'abus signalé par les Commissaires de 1454 semble avoir persisté longtemps après dans certaines juridictions, car l'ancienne jurisprudence a eu, plus d'une fois, à rappeler au respect des principes. Il était, en définitive, jugé par les Parlements que le *dictum* d'une sentence ou d'un arrêt (ce qui se disait spécialement des jugements rendus en procès par écrit), dès qu'il était signé et mis au greffe par le rapporteur et les autres juges, ne pouvait plus être changé sous quelque prétexte que ce fût. — Voir *Mornac*, part. Iᵉ, art. 61.

séquence, le greffier ne devra signer la sentence, après qu'elle a été prononcée, que si le *dictum* est reproduit mot à mot en ladite sentence, et ce, sous peine d'être puni comme coupable de faux.

Le sénéchal et le juge de Gascogne, ainsi que les juges royaux susdits, devront donc, comme les autres juges, remettre le *dictum* de leurs sentences aux greffiers de leurs Cours respectives, lesquels l'enregistreront incontinent dans leurs registres, afin de procéder ainsi qu'il est dit ci-dessus.

Dénonciation au Procureur Général des abus de justice et autres.

Le sénéchal de Guyenne ou le juge de Gascogne pourront dénoncer au Procureur Général du Roi en la Cour du Parlement de Paris toutes entreprises ou voies de fait, abus de justice ou autres qu'ils sauront avoir été commis, en ladite sénéchaussée, par quelque personne que ce soit, officiers ou autres, contre les droits du Roi ou de son domaine, afin qu'il soit donné telle provision qu'il appartiendra.

Ayant eu connaissance, disent les Commissaires, que les juges ecclésiastiques de ladite sénéchaussée ont, durant les dernières guerres, entrepris et entreprennent encore journellement sur les juridictions temporelles de ladite sénéchaussée, tant sur celles du Roi que sur les autres, et qu'ils s'efforcent de connaître de plusieurs causes dont la connaissance appartient aux juges lais seuls, il est défendu à l'archevêque de Bordeaux, aux évêques et à tous autres officiers et juges ecclésiastiques de ladite sénéchaussée, de connaître dorénavant des matières et actions réelles, des successions et des héritages, des inventaires, des criées, subastations et adjudications, des décrets contre les habitants, en un mot d'aucune des causes et matières dont la connaissance appartient aux juges lais (1).

Les Commissaires ne s'en tiennent pas à ces prescriptions générales, et ils vont pénétrer plus avant dans les agissements d'une pratique abusive. — Informés, en effet, que plusieurs notaires royaux sont également de cour d'église apostolique (2) et impériaux, et que, lorsqu'ils passaient des lettres pour des personnes simples et ignorantes, ils les faisaient se soumettre à telles juridictions que bon leur semblait, ils ordonnent que dorénavant les notaires royaux ne pourront être ni notaires en cour d'église, ni notaires impériaux, et qu'ils ne

(1) Citons, entre autres preuves des usurpations ci-dessus relevées, une sentence de l'officialité de Bordeaux (4 mars 1404/5) ordonnant, à la requête des exécuteurs testamentaires d'un bourgeois de Bordeaux, paroissien de Sainte-Colombe, Besian de *Bilariis*, de publier, dans toutes les églises de Bordeaux et des faubourgs, que l'official, chargé de vendre aux enchères les biens délaissés par le dit Besian, invitait ses créanciers à faire valoir leurs droits, déclarant du reste régulières les oppositions formées par plusieurs d'entre eux et prononçant enfin la forclusion des non-comparants qui sont, par là même, exclus du partage de ladite hérédité. (V. *Arch. hist.*, t. VIII, p. 1.) — Dans le même ordre d'idées, citons encore une sentence que la même officialité rendait, le 26 août 1427, entre le Chapitre de Saint-André et le curateur de la succession d'un marchand et bourgeois de Bordeaux, Hélie de Mons, qui avait fait cession de ses biens à ses créanciers, au nombre desquels se trouvait le Chapitre. Le curateur voulant vendre ces biens judiciairement, le Chapitre s'y était opposé pour sauvegarder sa créance à laquelle lesdits biens étaient affectés. — Par sa sentence, l'official, admettant l'opposition du Chapitre, décida qu'en cas de vente, ce dernier devait avoir sur le prix un droit de préférence. (V. *Arch. hist.*, t. XIII, p. 200 et suiv.)

(2) Les notaires *apostoliques*, nommés par les évêques, formaient un corps à part et exerçaient seulement en matière bénéficiale. Malgré le caractère restrictif de leurs attributions, ils avaient alors, et eurent longtemps après encore, la prétention de passer des actes revenant aux notaires royaux. — Ces derniers, en se faisant donner la qualité de notaires apostoliques, pratiquaient un cumul susceptible d'abus, comme on le voit ci-dessus. — En 1356, Pierre Lafite, archiprêtre de Lesparre, était notaire apostolique et royal dans tout le duché de Guyenne.

pourront soumettre les personnes passant contrat devant eux à une juridiction d'église, qu'ils pourront seulement les soumettre à telle juridiction laie que les parties voudront élire.

Interdiction est, en outre, faite aux notaires de mettre dans les lettres, contrats, obligations ou autres cartes qu'ils recevront, la clause : « sans que l'une juridiction » déroge à l'autre; » parce qu'il arrivait alors que le créancier, après avoir poursuivi son débiteur devant un juge, pouvait, en invoquant cette clause, le poursuivre devant un autre juge pour la même cause.

Il était d'ailleurs enjoint aux juges de se dessaisir en cas de litispendance.

Par exception aux prohibitions ci-dessus, les notaires royaux des Cours laies en la sénéchaussée de Guyenne étaient autorisés à être notaires apostoliques pour recevoir lettres, instruments et résignation en matière bénéficiale, tant en Cour de Rome qu'ailleurs, pourvu que ces actes ne portassent pas soumission des laïques et des clercs mariés à une juridiction ecclésiastique.

Salaires des clercs et greffiers (1).

« Pour ce qu'il est venu à notre connaissance, » disent les Commissaires, « que, à cause des scels de la séné-

(1) En s'éclairant, comme le disent à plusieurs reprises les Commissaires, par l'examen des papiers trouvés au château de l'Ombrière, ils y avaient trouvé les règlements que le Conseil royal de Gascogne avait faits, moins d'un siècle avant, en 1378, pour la taxe des droits du Juge de Gascogne, du Prévôt de l'Ombrière, de l'Exécuteur du scel et contre-scel et du Garde du petit sceau, ainsi que pour la taxe des salaires de leurs greffiers respectifs. Dès cette époque il avait été enjoint à ceux-ci de remettre, un mois après avoir quitté leurs offices, leurs minutes et papiers dans le château de l'Ombrière. (V. *suprà*, Iʳᵉ partie, p. 48, n. 1.) — Au surplus, il est curieux de rapprocher tant les dispositions réglementaires que les divers articles des tarifs édictés en 1378 et en 1454. Les Commissaires de cette dernière époque n'ont le plus souvent que

» chaussée de Guyenne et de la jugerie des appeaux de
» Gascogne, et des autres officiers de ladite sénéchaussée
» de Guyenne, les clercs et greffiers d'iceux offices pren-
» nent ordinairement salaires excessifs et sans ordre,
» nous ordonnons que dorésenavant les fermiers desdits
» scels, lesdits greffiers et autres qui les exerceront
» prendront les sommes cy-après déclarées et non autre
» chose, sous peine d'amende arbitraire. »

Suivent les taxes arrêtées par les Commissaires pour les divers officiers. Il ne s'agit ici que d'en donner un aperçu, en relevant seulement les articles de ce tarif qui présentent encore quelque intérêt.

Le premier taxé est le *clerc ou greffier de la Cour de Gascogne*. Il lui est alloué notamment : pour l'écriture d'un interlocutoire ou d'une ordonnance du juge, 5 sols tournois; — pour l'écriture au livre de la Cour d'une sentence définitive en cause civile ou criminelle, 5 sols; — pour l'écriture d'une longue ordonnance, tenant une demi-feuille du papier petit volume, écrite d'une part, 7 deniers; si elle tient plus, il sera pris plus ou moins; — pour l'écriture d'une lettre contre une personne déso-béissant à un mandement du roi ou du juge, contenant que ladite personne soit arrêtée, prise et mise « en hous-taige » (¹) dans sa maison, 5 sols; — pour l'écriture

rappelé et remis en vigueur des prescriptions presque séculaires, en les mettant en harmonie avec le nouvel ordre de choses. Il est même à remarquer que, malgré le long temps écoulé, la tarification des actes paraît n'avoir subi aucune variation sensible. C'est à noter pour les économistes.

(¹) Dans le texte, on lit : « ...et mise en houstaige en sa maison. » Le texte du règlement de 1378, qu'il reproduit, du reste, intégralement, porte : « ...et mesc hostages en son hostau ; » ce qui est évidemment plus clair et plus dans le rôle de l'otage, ainsi qu'on le verra *infrà*, p. 115, note 1. — Ce n'est pas cependant qu'il pût arriver que le débiteur lui-même se mît ou fût mis personnellement en otage. Dans certains textes, les mots *houstaige, hostatge, otage,* paraissent pris en ce sens. — Ainsi d'une lettre de grâce *de debitis solvendis*, par l'effet de laquelle le créancier ne pourra contraindre son débiteur durant le terme d'un an, 5 sols. A l'occasion de cette taxe, il est ajouté que le greffier devra, comme avant, délivrer lesdites lettres de grâce, « nonobstant la restrinc- » tion de taux par nous faicte », disent les Commissaires qui sans doute avaient eu à réfréner à cet égard certaines perceptions excessives.

Il est, en outre, ordonné que dorénavant le greffier du Juge de Gascogne fera en parchemin toutes les lettres ([1]), sentences et actes de sa fonction, et ce au plus brief langage que faire se pourra. Il pourra les délivrer aux parties sans les montrer au juge, excepté les lettres *de debitis solvendis*, les sentences définitives tant criminelles que civiles, les lettres de bannissement, de « quinque- nelle » ([2]) et de cession de biens, lesquelles le greffier sera tenu de montrer au juge pour qu'il en ait plus ample connaissance. Celui-ci devra les expédier le jour même où lesdites lettres lui auront été présentées. Il les signera de sa main avant que le greffier les signe lui-même et les délivre aux parties. Il ne pourra, pour icelles voir et signer, prendre aucun salaire.

Il était cependant alloué au Juge, personnellement, 30 sols pour visiter un procès, minuter et mettre en

---

ostager se disait parfois du débiteur qui devait rester enfermé jusqu'à ce qu'il eût donné satisfaction à son créancier. — Cette forme de con- trainte était admise en pays bordelais depuis un temps bien reculé, puisque au § 152 de la *Vieille Coutume*, on lit que le créancier dont la créance était reconnue, pouvait, à son choix, faire retenir son débiteur en otage à l'Hôtel-de-Ville (...*fasta tenir hostatges à Saint-Elegi*), ou se faire payer sur ses biens.

([1]) Sous ce titre général sont compris les nombreux actes émanés des greffes ou chancelleries pour ouvrir aux parties une voie de recours ou une faculté quelconque.

([2]) *Quinquenelle, quinquennelle, quinquannion*, signifie répit ou sursis de cinq années.

forme les sentences soit criminelles, soit civiles. Toutefois, « si les procès étoient petits, comme il y en à plusieurs », il devra moins prendre.

Après le greffier, le *Fermier du scel de Gascogne,* à qui il était alloué diverses taxes, notamment 20 deniers pour chaque scel mis sur les lettres émanées du Juge de Gascogne, excepté les lettres de grâce, celles *de debitis solvendis,* etc., etc.

Le *Greffier de la Sénéchaussée de Guyenne* avait droit au même salaire que celui de la jugerie de Gascogne pour les divers actes de ses fonctions. Mais, si les actes de procédure sont les mêmes dans les deux Cours, s'ils y reçoivent le même salaire, rien ne permet de se fixer sur les attributions respectives de ces juridictions, et sur leur compétence spéciale. (V. cependant *infrà*, p. 120, note 1.)

Le *Fermier du scel de la Sénéchaussée de Guyenne* devait prendre les salaires alloués pour le scel de la jugerie de Gascogne.

Le *Prévôt de l'Ombrière de Bordeaux* était, après le Sénéchal et le Juge de Gascogne, le juge royal le plus important (1). On le comprend, en voyant le soin avec lequel les Commissaires vont organiser cette juridiction.

(1) C'était, dès lors, une bien ancienne, sinon la plus ancienne juridiction, que celle du Prévôt du château de l'Ombrière. A une époque reculée, aucune sentence de mort ne pouvait être exécutée à Bordeaux sans que le criminel eût été présenté au Prévôt de l'Ombrière, qui devait assister à l'exécution. Aussi, bien longtemps après, alors qu'il n'y avait plus de prévôt de l'Ombrière, et même jusqu'en 1789, on n'en continuait pas moins d'appeler par trois fois le Prévôt avant de procéder à une exécution à mort. — « On crie, dit Gaufreteau, t. I, p. 21, » sur la pierre du siège des banqueroutiers, devant le dit palais : « En » deffault, Prévost de l'Ombrière. » — D'après M. Rabanis, ses attributions, d'abord fort étendues, auraient été peu à peu restreintes. Il n'en connaissait pas moins des cas royaux (§ 22 de la *Vieille Coutume*) et, depuis 1295, il avait juridiction *entre les estrangers complaignans, venans de plus loin que la banlieue* de Bordeaux. Il pouvait les faire arrêter pour dettes, à l'exception des barons du duché de Guyenne

Ils s'occupent d'abord de supprimer un singulier abus qui s'y rencontrait. Le Prévôt n'avait pas de greffier, et cumulait, en conséquence, les fonctions de juge et celles de greffier, au mépris des principes les plus élémentaires de l'administration de la justice (¹). Il ne pourra dorénavant, disent les Commissaires, tenir la « clergité d'icelle prevosté » pour éviter les fraudes qui peuvent s'ensuivre. — Le Prévôt devra donc avoir un clerc ou greffier pour écrire et enregistrer loyalement ce qui sera fait et ordonné en justice par ledit Prévôt. — Ce clerc ou fermier du greffe devra être un homme suffisant et idoine. Il fera, avant son institution, le serment en justice de bien et loyalement exercer ledit office.

Le Prévôt devra ouïr les personnes qui plaideront devant lui, sommairement et « de plain », sans longue figure de procès. Il devra faire droit entre les étrangers dedans trois marées, « si bonnement faire se peut, sinon » que la cause soit de grand poids et valeur (²). »

(§ 101 et 192 de la *Vieille Coutume*); mais il avait aussi à les protéger, afin d'encourager le commerce. D'après la *Vieille Coutume*, celui qui battait un marchand étranger était passible d'une amende de 65 sols (§ 22), et l'on ne voulait pas que les étrangers eussent à se plaindre de l'indulgence des lois bordelaises, *per la rason que ne era deffamada per los stranis qui an plus strenta ley en lors locs que nos.* — D'après M. Rabanis, le Prévôt avait aussi, depuis une époque reculée, la police de la rade, et sa surveillance s'étendait même sur les *arlots*, c'est-à-dire sur les femmes de mauvaise vie qui, dès lors, étaient soumises à une taxe qu'elles versaient entre ses mains. — On va voir, *infrà*, que le Prévôt était encore en possession de ces diverses attributions du temps des Anglais, et qu'il y fut maintenu en 1451.

(¹) Il est curieux de remarquer que cet abus existait déjà en 1378, ainsi que le règlement fait à cette époque le constate, en le proscrivant : » Aquet qui ten la prebostat no deu tenir l'escruuia, per esquiuar » plusors fraus qui se poden far en donan deffautas auan hora deguda, » et autras causas. » — A la faveur des troubles de l'époque, le Prévôt n'avait pas moins continué à cumuler, comme avant, des fonctions destinées à se contrôler.

(²) Les frères Lamothe (*Coutumes*, p. xxxii) reproduisent cette prescription d'après une communication que l'abbé Baurein leur avait

Le Prévôt pouvait prendre 2 sols 6 deniers de la partie ajournée devant lui, si elle s'accordait sans procès avec le demandeur, en lui payant ce qu'elle lui devait.

Si une personne, arrêtée par le Prévôt ou l'un de ses sergents, refusait de se laisser conduire au château de l'Ombrière, ou si, étant arrêtée dans le château, elle en était sortie sans la permission du Prévôt ou de ses sergents ou de la partie adverse, le Prévôt pouvait prendre « pour l'arrêt brisé », une amende de 48 sols.

Comme juge, il pouvait encore percevoir notamment : contre tout défaillant, sans exoine suffisante, 3 sols ; — pour sceller une appellation ou un renvoi fait dudit Prévôt au Juge de Gascogne, 3 sols ; — pour sceller une sentence interlocutoire ou des lettres testificatoires, 3 sols ; — pour sceller une sentence définitive extraite du papier et mise au net, 3 sols ; — pour signer un vidimus de lettres, 3 sols.

La police de la rade étant placée sous la surveillance du Prévôt. Les déchargements des navires, nefs, conques ou grands vaisseaux, ne pouvaient être faits sans congé et licence émanés de lui, que le déchargement des marchandises eût lieu à la planche, le long de terre, ou au large. — Pour les déchargements faits au large, les navires devaient se tenir à 40 brasses de terre, afin que

faite d'un manuscrit qui était alors en sa possession, manuscrit qui n'est autre que celui que nous analysons. — Ils ajoutent que, si ce texte était plus récent que les anciennes coutumes, il y avait lieu de supposer qu'il ne reproduisait que de très anciens usages, analogues, du reste, à ce qui était prescrit par les lois bourguignonnes. — M. Rabanis pense, de son côté, que cette prescription de statuer dans le terme de trois marées s'était introduite en Guyenne sous l'influence des lois en usage dans les bourgs maritimes de l'Angleterre et de l'Écosse. — Ce qui est certain, c'est que le règlement de 1378 était très explicite à cet égard : « ...et deu far dreit entre les estrangers dens tres mareas, si en nulha » maneyra pot... »

les petits bateaux pussent passer sans péril entre eux et la terre.

C'était aussi au Prévôt de désigner l'endroit où le lest des navires (sables et pierres) devait être déchargé. — En cas de contravention et de déchargement du lest « dedans la chanau ou en la mer, devant le port de » Bourdeaux », le Prévôt devait prendre pour son gage 48 sols.

Comme juge de police, il était autorisé à certaines perceptions du genre le plus singulier. — Toutes femmes *amoureuses*, disent pudiquement les Commissaires, désignant par là les *arlottes* ou prostituées qui vont au commun et tiennent chambre, qu'elles soient chez elles ou qu'elles soient locataires, devront payer au Prévôt, d'après un ancien usage, 15 sols par an, moitié le jour de Noël, moitié le jour de Saint-Jean-Baptiste. — Le Prévôt a la connaissance de ce qui concerne ces femmes. Il est leur juge, tant en demandant qu'en défendant, et ce à raison de ce qu'il perçoit d'elles. Il doit « les garder » que nulle ne face mal à autre, ni aucune autre per- » sonne ne leur face aucun intérêt ou dommage (¹). »

Quant aux femmes qui avaient « maîtresse » ou habitaient avec d'autres femmes communes, elles ne devaient payer au Prévôt, pour la même cause, que 10 sols, moitié à la Noël, moitié à la Saint-Jean.

Après avoir réglé les perceptions du Prévôt, il y avait à régler ce que devra prendre dorénavant la ferme ou l'office du greffe ou clergie de la prévôté de l'Ombrière.

A cette occasion, les Commissaires croient devoir rappeler avec insistance qu'ils entendent que désormais ce

______

(¹) C'est, sauf la différence des dialectes, la reproduction textuelle des prescriptions du règlement de 1378, si ce n'est pour la taxe de 15 sols qui était de 20 sols dans l'ancien règlement.

greffe soit un office « à part soi », et qu'il soit exercé par un homme suffisant, après avoir préalablement prêté serment.

A ce *greffier du Prévôt,* il est alloué notamment : pour une sentence interlocutoire, 7 deniers ; — pour écrire au livre de la Cour une sentence définitive, 7 deniers, avec cette observation que, si les parties demandent que cette sentence soit mise sur parchemin sous le scel de la Cour, la taxe sera, que la sentence soit criminelle ou civile, 20 sols, si elle prend une peau de parchemin entière, et 10 sols, si elle ne tient qu'une demi-peau ; — pour l'écriture d'un congé ou licence donné par un maître de nef pour le déchargement de son lest, 4 deniers.

Vient ensuite une juridiction moins connue : *La Cour de l'Exécutoire de Bordeaux.* Le juge de cette Cour portait le nom de *Garde ou Exécuteur du scel et contre-scel* (¹). Les Commissaires paraissent se préoccuper de régulariser cette juridiction. Ils décident que ce garde devra être un homme notable et suffisant, et qu'il devra, lors de son institution, prêter serment de bien et loyalement remplir ses fonctions.

Il lui est alloué, notamment : pour le scel d'une sentence interlocutoire, d'un *vidimus,* ou de toutes autres lettres rectificatoires, 5 sols ; — si une personne arrêtée à la *rigueur* de l'exécuteur (²) est cependant élargie ensuite et baillée en garde par pleiges, elle paiera, pour la première fois, à l'Exécuteur 10 deniers ;

(¹) C'était une bien ancienne institution en Guyenne. (V. sur *le scel et contre-scel du château de l'Ombrière au* xiiiᵉ *siècle,* un article de M. Rabanis, dans le *Compte-rendu de la Commission des monuments historiques du département de la Gironde,* année 1846-1847.)

(²) Le règlement de 1378 portait : « ...arrestat per la Cort de l'exe- » cutor... » — La taxe qui était alors de 12 deniers est réduite à 10. — On voit par là ce qu'était le *juge de la rigueur* dont il est souvent question dans les arrêts du Parlement du xvᵉ et du xviᵉ siècle.

pour, par l'Exécuteur, ôter les houstaiges mis en la maison d'un débiteur ([1]), ce dernier paiera pour la première fois 10 deniers (12 deniers en 1378).

Le clerc du greffier de cette Cour était lui aussi autorisé à percevoir, notamment : pour une lettre impétrée afin de faire vendre des biens, 10 deniers ; — pour écrire un acte simple fait entre parties, de chaque partie, 2 deniers.

Après le garde du scel, les Commissaires avaient à s'occuper du *Fermier du petit scel des hostaiges.* Cet agent d'exécution était à Bordeaux d'institution également bien ancienne. D'après une note marginale du manuscrit, elle existait « du temps de Edouard Anglois » ([2]). Mais des abus s'étaient introduits dans le fonctionnement de cet office. Aussi les Commissaires décident-ils que celui qui tiendra le *petit scel,* par ferme ou autrement, devra, à son institution, jurer de bien et loyalement exercer son office. — Cet exécuteur ou le sergent qui fera l'exécution, prendra, pour chaque exécution, 3 sols et 4 deniers. Il ne doit rien prendre pour mettre le petit scel sur ladite exécution.

Désormais, l'Exécuteur des hostaiges ou son « député », ne pourra plus mettre des hostaiges que si le Garde de l'Exécuteur du scel royal en a ainsi ordonné. — Il prendra pour son salaire, par chacun des hostaiges, 20 deniers, au cas où le débiteur ne voudra pas leur donner à manger ; si, au contraire, il leur donne à manger, il n'y aura rien à payer à l'Exécuteur. — Dans le cas où le débiteur préférera payer 20 deniers pour chaque hostaige plutôt que de leur donner à manger, l'Exécuteur,

---

([1]) Le terme d'*otage* est ici pris dans son sens habituel, par opposition à celui du débiteur mis en otage. (V. *suprà*, p. 108, note 1.)

([2]) V. *suprà*, p. 107, note 1.

en recevant ces 20 deniers, sera tenu de salarier lesdits hostaiges, et d'en décharger d'autant le débiteur. — Moyennant le salaire ainsi fixé, les hostaiges devront aller chaque jour visiter la maison où ils auront été mis en hostaige, et s'ils défaillent d'y aller, ils ne seront payés par les débiteurs que pour les hostaiges qu'ils auront visités et pour les jours où ils y seront allés.

Il est, au surplus, décidé que l'Exécuteur des hostaiges, non plus que les hostaiges eux-mêmes, ne pourront contraindre les débiteurs contre lesquels ils auront agi, avant que les contestations qui pourraient être élevées par ces derniers n'aient été soumises à l'Exécuteur du scel royal.

Interdiction expresse était en conséquence faite à cet Exécuteur ou garde du scel et contre-scel de se rendre fermier du scel des hostaiges, précisément parce qu'il était juge de ce service.

Le même Exécuteur ne pourra dorénavant commettre aucun hostaige sur qui que ce soit pour une somme moindre de 25 livres. Si la somme est supérieure, il pourra commettre autant d'hostaiges qu'il y aura de fois 25 livres dans la somme due.

En terminant à cet égard, défense était faite à l'Exécuteur et aux sergents de prendre d'autres salaires que ceux ci-devant taxés.

La taxe des *Sergens royaux* est la dernière de celles fixées par les Commissaires. Les divers actes de leurs fonctions sont tarifés à des taux analogues à ceux déjà relevés ([1]). Signalons seulement une prescription qui

([1]) Les salaires des sergents avaient été depuis longtemps fixés par les anciens statuts de Bordeaux. Il leur était notamment alloué : « Pour » chacun ajournement fait sur la grave, port et havre de cette ville, ou » en aucune gabarre ou coureau étant à terre ou attaché à terre, » 12 deniers bordelois. »

leur est spécialement imposée. Il est ordonné que les sergents royaux chargés par le Roi ou l'un de ses officiers de faire des exécutions de justice à l'égard des gens condamnés criminellement, devront sans délai accomplir leur mission à cheval ou à pied, « en la meilleure forme qu'ils pourront ». Ils ne devront rien prendre pour ce faire, sous peine d'être privés de leurs offices et d'amende arbitraire.

Dispositions générales pour tous les greffiers. — Dorénavant les clercs ou greffiers de la Cour du sénéchal de Guyenne, de la Cour du juge des appeaux de Gascogne, du Prévôt de l'Ombrière, du Garde du scel, de l'Exécuteur devront, un mois après la fin de leurs fermes, remettre sans délai leurs papiers et registres au Connétable de Bordeaux, pour qu'ils soient mis dans le château de l'Ombrière, en un lieu où ils puissent être trouvés par ceux qui pourront en avoir besoin, et afin de « perpétuelle mémoire » (1).

Dispositions spéciales pour les clercs d'avocats et de procureurs. — Il est défendu à ces clercs, ainsi qu'à ceux des Cours, soit qu'ils fassent ou enregistrent les plaidoyers, soit qu'ils donnent des copies tant de ces plaidoyers que des lettres produites par les parties, soit qu'ils fassent les écritures pour celles-ci, de ne jamais laisser de grandes marges, ni employer une écriture plus large qu'il n'était d'usage de le faire au temps passé, sous peine de perdre leurs salaires et d'amende arbitraire (2).

Les Commissaires de 1454, après le Conseil royal de

(1) C'est la reproduction presque textuelle d'une disposition identique du règlement de 1378.

(2) Il s'agissait alors de protéger les parties contre l'abus du grossoyage. Plus tard, dans l'intérêt du Trésor et pour pousser à la consommation du papier timbré, on proscrivit de ne pas dépasser un *maximum* de lignes à la page et de syllabes à la ligne.

1378, ne pouvaient négliger un service qui, bien que d'ordre inférieur, avait quelque importance. C'est pourquoi ils vont régler, comme on l'avait déjà fait presqu'un siècle avant, les devoirs et les droits du *Portier de la Porterie de l'Ombrière*.

Cet agent est, notamment, autorisé à prendre, ainsi qu'il y était précédemment accoutumé, 100 sols d'un baron arrêté à la requête d'un particulier ; — 20 sols d'un chevalier ; — 5 sols d'un écuyer ; et 2 deniers seulement de toute autre personne arrêtée pour dette ou pour autre cause. — A noter cependant que les gens arrêtés pour dette ou autre cause civile, s'ils ont des biens meubles ou immeubles dans Bordeaux valant autant que la chose demandée, ou s'ils trouvent pleiges suffisants, ne pourront pas être mis aux fers dans la Tour du Château, et devront être élargis sur-le-champ par le juge auquel auront été faites les justifications ci-devant indiquées.

A la suite se trouve une réglementation détaillée du régime des prisons, des mises en liberté sous caution, etc. Relevons seulement ce fait intéressant. Il paraît que certains portiers et gardes des prisons avaient persisté, malgré des interdictions antérieures ([2]), à tenir taverne dans le Château de l'Ombrière et dans d'autres prisons de la ville, et ne permettaient pas qu'on y apportât d'autre vin ou d'autres victuailles que ce qui leur était acheté. — Il est ordonné que dorénavant les prisonniers pourront porter ou faire porter dans la prison les vivres qui leur plairont. Le portier ne pourra s'y opposer sans encourir l'amende arbitraire.

([1]) Il s'agit sans doute des prescriptions et interdictions du règlement de 1378 dont les portiers n'avaient pas tenu compte, bien que Édouard III eût déjà déclaré, à propos de ces abus, que c'était « chose » ni honorable pour nous, ni profitable à la sauvegarde dudit chas-»teau. »

Un autre abus, plus grave encore, avait appelé l'attention des Commissaires. Ils avaient été informés que, lorsque l'aumônier ou quêteur des prisons avait reçu, ce qui arrivait souvent, des aumônes pour les prisonniers, surtout pour ceux qui manquaient de moyens d'existence, il arrivait parfois que certains portiers prenaient l'argent et le pain donnés par l'aumônier et les employaient à leur profit, comme il leur plaisait. — Il est, en conséquence, ordonné que dorénavant celui qui recueillera pour les prisonniers des aumônes, soit en argent, soit en pain ou autres vivres, devra les distribuer lui-même aux prisonniers : ce que ledit aumônier, à son institution, devra jurer de faire, devant le sénéchal de Guyenne ou le juge de Gascogne.

Signalons encore diverses mesures réglementaires.

Ainsi, le portier était tenu d'inscrire sur son registre le nom de toute personne arrêtée, en indiquant à la requête de qui, juge ou simple particulier, l'arrestation avait été opérée. Il ne devait délivrer les prisonniers, ni les laisser hors de l'arrêt, de nuit ni de jour, sans l'ordre du juge qui avait ordonné l'arrestation. Il ne devait pas « s'entremettre » de demander au prisonnier le droit du juge qui l'avait fait arrêter.

Dorénavant, disent les Commissaires, le portier ne devra souffrir qu'aucune femme couche dans le Château, soit avec lui, soit avec tout autre, si ce n'est le mari et la femme. En cas de contravention, il devait être puni à l'arbitraire du juge. — Il ne devait, désormais, permettre aucun jeu d'argent dans le Château, si ce n'est pour le pain ou pour les vivres à manger et à boire.

Les ordonnances se terminent par des prescriptions qui portent plus haut, sur les devoirs imposés au Séné-

chal de Guyenne lui-même, spécialement sur *les Assises*
qu'il devra tenir.

« Nous avons vu, disent les Commissaires, par les an-
» ciens livres qui se trouvent au Chasteau de l'Ombrière,
» que le Sénéchal de Guyenne est tenu aller chaque année
» aux quartiers de l'an, tenir quatre assises, par chaque
» quartier, à savoir : une au pays bordelois où il verra
» nécessaire; et quatre assises au pays bazadois; quatre
» assises ès pays et prévosté de Saint-Sever, et autres
» quatre assises ès pays de Dax et de Bayonne; et pour
» ce faire doit estre en personne, à moins que, pour juste
» cause, maladie ou service du pays, il soit empêché.

» Nous avons aussi trouvé que, dans lesdites assises,
» doivent être traitées toutes les causes touchant le
» domaine du Roi, des barons et autres grands seigneurs
» desdits pays; et que nulles autres causes ne doivent
» estre traitées dans ces assises, parce qu'elles sont à la
» connaissance des juges du pays (¹).

» Et aussi avons trouvé dans ces livres que, si le
» Sénéchal et son lieutenant ne peuvent estre en per-
» sonne à toutes les assises susdites, à tout le moins le
» Sénéchal ou son lieutenant doit estre en personne, une
» fois l'an, à l'une des assises de chascun desdits pays,
» et doit avoir avec lui un homme sage et discret qui
» sache les coutumes d'iceux pays.

» Aussi avons trouvé dans lesdits livres que ledit
» Sénéchal doit avoir un lieutenant au pays des Lannes;
» et, pour ces causes, avons ordonné que doresnavant

(¹) Cette disposition fait entrevoir quelle pouvait être la compétence
du Sénéchal de Guyenne, du grand Sénéchal, comme on disait, homme
de guerre avant tout, jugeant avec l'assistance de légistes et de coutu-
miers du pays. Au Juge de Gascogne revenaient les appels des juridictions inférieures et même des juridictions royales autres que celles
ressortissant directement du Parlement. (V. *suprà*, p. 103.)

» ledit Sénéchal de Guyenne tiendra lesdites assises en la
» forme et manière ci-dessus, sans y faire aucune faulte
» ou discontinuencion. »

Ainsi se terminent les ordonnances des Commissaires
de 1454. — A la suite, on lit : « Le 28ᵉ jour de janvier
» 1454 [1455] furent publiées ces présentes ordonnances,
» en la salle du Chasteau de l'Ombrière, en l'audience
» du Sénéchal de Guyenne, en présence, etc. » (V. *supra*,
p. 99.)

L'œuvre des Commissaires était à peine terminée que des
résistances de divers ordres commencèrent à se produire.

Les premières oppositions vinrent du clergé bordelais,
qui était directement atteint par l'ordonnance relative
aux entreprises des juridictions ecclésiastiques.

L'archevêque Pey Berland, déjà très suspect d'hostilité
envers le nouvel ordre de choses, avait aussitôt fait appel
de cette ordonnance ; mais il était dès lors en butte aux
tracasseries incessantes du sénéchal de Coëtivy qui,
d'après des ordres venus de Paris, voulait l'amener à se
retirer, et il avait assez à faire pour se défendre contre
ses attaques de plus en plus pressantes. Aussi n'apparaît-
il pas qu'il ait donné suite à son appellation de l'ordonnance.

Ce soin était réservé à son successeur, Blaise de Gréelle,
qui, tout Français et ancien avocat qu'il fût, manifesta,
dès son avènement à l'archevêché de Bordeaux (septembre 1456), la volonté de poursuivre l'appel déjà interjeté
par son prédécesseur. En attendant, se fondant sur une
pratique qu'il faisait remonter au delà de la domination
anglaise, il persista à autoriser ses clercs à faire des
inventaires, à donner des tuteurs et des curateurs, à
procéder aux saisies et aux ventes publiques. — Ces

agissements soulevaient aussitôt un violent conflit entre l'autorité civile et l'autorité ecclésiastique. — Pendant que le Procureur Général du Roi procédait contre ces entreprises et en faisait appel, l'archevêque, perdant toute réserve, faisait sonner le tocsin, en appelait aux armes, demandait des canons et faisait jeter des pierres aux officiers royaux. Le sénéchal devait intervenir en personne et, sans s'arrêter aux protestations du prélat, il mettait garnison dans « sa maison ».

Toute cette agitation avait amené un nouveau procès qui allait rejoindre devant le Parlement de Paris l'appel déjà formé dès 1454. Ce fut aux *Grands-Jours* de ce Parlement qui vinrent tenir à Bordeaux, en 1456, leur première session, qu'il appartint de connaître de toutes ces difficultés.

Le 27 septembre 1456, l'affaire vint à l'audience de cette Cour, le Procureur du Roi demandant que l'archevêque fût déclaré déchu de l'appel resté impoursuivi. A l'appui de ces conclusions et dans les débats de l'audience, il fut rappelé que l'archevêque et les autres gens d'église s'étaient transportés auprès des Commissaires de 1454 pour obtenir le rapport de l'ordonnance relative à la juridiction ecclésiastique; mais que les Commissaires ayant déclaré qu'elle serait exécutée, l'archevêque avait alors fait appel et avait même obtenu des lettres royaux adressées à Jean Bureau, l'un des Commissaires; que cependant ce prélat occupé en ce moment par de grandes affaires, ayant négligé de relever son appel, le Procureur Général l'avait fait assigner en désertion d'appel, bien qu'il déclarât se pourvoir en Cour de Rome.

Sur cet exposé, l'archevêque disant qu'il avait fait toute diligence pour poursuivre son appel, le Procureur du Roi concluant au contraire à ce que l'appellation fût dite déserte, la Cour appointa les parties à produire leurs défenses au conseil. — Il n'apparaît pas que l'affaire ait été suivie en cet état; mais, dans les *Grands-Jours* de 1459, elle reparaît sous une autre forme. C'est le Procureur du Roi qui s'est rendu appelant contre divers agissements de l'archevêque et de ses officiers, qui avaient continué à connaître des actions réelles, à faire des criées, à donner des tutelles et curatelles, etc., etc. — Le procès, ainsi transformé, donna lieu, au cours de la session de 1459, à de longs et curieux débats , à la suite desquels intervint, le 30 octobre 1459, un arrêt qui, sans résoudre toutes les difficultés de ce double procès, suivant en cela un appointement donné entre les parties par le Grand Conseil du roi, décida, sur la matière principale, que l'Archevêque et ses officiers n'auraient pas désormais la connaissance des actions réelles ni des dîmes inféodées; qu'ils n'auraient prise des officiers royaux ni des gens lais, et ne pourraient procéder par monitions et excommunications jusqu'à ce que le Roi, en la Cour de Parlement, en eût autrement ordonné, à laquelle Cour, au surplus, le procès était renvoyé pour ordonner ce qu'il appartiendrait de raison [1].

Le Parlement de Paris allait dire le dernier mot de ce long débat. La solution était facile à prévoir. Le régime français, créé par les légistes de Charles VII, devait avoir raison en définitive de toutes les oppositions du clergé gascon.

Une autre résistance d'un genre différent se produisit par la suite. On se rappelle que les Commissaires avaient, d'après des précédents qu'ils avaient retrouvés, décidé

[1] V. *Archives historiques de la Gironde*, t. IX, p. xvii, 45, 318-320, 324-325, 326, 330 et suiv., 341 et suiv., 349-353, 305 et suiv.

que le sénéchal de Guyenne devait avoir un lieutenant au pays des Landes.

Il paraît, en effet, que, depuis une époque plus ou moins ancienne, le sénéchal de Guyenne était dans l'usage de commettre au pays des Landes et Outre-les-Landes, un sous-sénéchal dont les appels étaient portés devant le juge de Gascogne, d'après d'anciennes ordonnances. — Les commissaires de 1454 n'avaient donc fait que se conformer à ces précédents qui, du reste reçurent d'abord leur pleine exécution, tout le temps que messire Richard (¹) avait rempli ces fonctions de sous-sénéchal. Le sénéchal était allé alors, comme avant, tenir des assises au pays des Landes, et le juge de Gascogne avait continué à juger les appels venus de ce pays. Mais il n'en fut plus de même lorsque Robin Petitlou (²) fut devenu sous-sénéchal des Landes. Ce dernier, se posant comme sénéchal des Landes en chef, par création du Roi, ne tarda pas à user de ses pouvoirs de la façon la plus arbitraire, constituant prisonniers des gens placés sous la sauvegarde du sénéchal de Guyenne, ou qui avaient obtenu des lettres de relèvement du juge de Gascogne, et que, malgré cela, il entendait contraindre à relever encore leur appellation devant lui. Il en usa ainsi

(¹) Il y avait eu, au commencement du siècle, un Richard, seigneur de Grey, commandant du château de Fronsac, pour le roi d'Angleterre. (V. *Rôles gascons*.)

(²) Robin Petitlou (Pettilow ou Pettiloch) avait, à la tête d'une compagnie d'Écossais, très activement participé à la conquête de la Guyenne dès 1450. On le retrouve dans toutes les opérations militaires des années suivantes, menant sans relâche sa compagnie écossaise dans toutes les parties de la Guyenne. Le zèle qu'il avait montré pour le service du roi de France lui valut le triste honneur d'être désigné, en 1454, pour composer, avec Tristan l'Hermitte et d'autres, la Commission chargée de juger Pierre de Montferrand, le pseudo-sire de Lesparre et ses complices. — Peu de temps après, il fut nommé sous-sénéchal des Landes, où son humeur guerrière lui fit prendre une attitude qui se ressentait trop de son passé.

à l'égard notamment d'une dame de Urtebize, et d'un nommé Michel Lecoq, de Saint-Peyr, qu'il tint six mois en prison « sans chandelle ». — A l'exemple du sous-sénéchal, le substitut du procureur du Roi audit pays des Landes, s'était posé, de son côté, en procureur du Roi en chef.

Cette attitude des deux magistrats des Landes avait ému le sénéchal de Guyenne, qui n'avait pas eu de peine à faire comprendre en haut lieu la nécessité de sévir contre de tels excès. Aussi Charles VII, tout en renvoyant à la Cour des *Grands-Jours* qui devait se réunir en 1456, la connaissance de cette affaire, avait fait délivrer des lettres-royaux pour faire ajourner devant cette Cour les deux magistrats landais.

L'affaire vint en effet, le 5 octobre 1456, à l'audience de la chambre du conseil, *hostiis clausis*. Olivier de Coëtivy, grand sénéchal de Guyenne, Vital du Palais, juge des appeaux de Gascogne, et Jean Baudry, procureur général du roi en Gascogne, se portaient demandeurs en matière d'excès et d'abus de justice, contre Robin Petitlou, écuyer, soi-disant sénéchal des Landes, Jean Lefils (¹), son lieutenant, soi-disant prévôt de Saint-Sever,

(¹) Jean Lefils, licencié en lois, apparaît, en 1454, comme agissant par ordre des Commissaires royaux de cette époque, dans une affaire intéressant la possession de l'église de Quinsac. On le voit dès lors appliqué et mêlé activement aux affaires judiciaires de la province. A Saint-Jean-d'Angély, il est conseiller du maréchal de Loudéac et paraît attaché à la juridiction des maréchaux. A quelque temps de là, il est dans les Landes où il remplit les fonctions de prévôt à Saint-Sever, à Dax et à Bayonne, pour, a-t-il dit plus tard, mettre de l'ordre où régnait le plus parfait désordre : les gens étant les uns contre les autres, les religieux contre les religieux, les nobles contre les nobles. Il a prétendu qu'il avait rétabli l'ordre ; mais que, pour faire régner la justice, il avait eu à souffrir beaucoup personnellement et y avait beaucoup dépensé du sien. — Ces détails n'ont d'autre intérêt que de faire connaître ce qu'étaient pour la plupart ces nombreux aventuriers qui s'étaient abattus sur la Guyenne après la conquête. Cependant tous ne finirent pas aussi mal que Jean Lefils.

et Arnaud-Guillaume de Lacoste, soi-disant procureur du roi au pays des Landes.

Pour les demandeurs, on soutint que les défendeurs, en commettant les excès et abus qui leur étaient reprochés, avaient entrepris sur les pouvoirs desdits demandeurs; à raison de quoi ils devaient être condamnés à telle amende que la Cour arbitrerait. A l'égard de Lefils spécialement, lequel avait dit qu'il avait quatre mille arbalétriers contre ceux qui voudraient exécuter contre lui par delà les limites des Landes, il était requis que défense lui fût faite d'user de telles menaces.

Pour Petitlou, il fut conclu à ce que sa qualité de sénéchal en chef des Landes fut reconnue, la connaissance de ce point important devant, du reste, être soumise au Roi et à son Procureur Général auquel appartenaient les droits et les prérogatives de la sénéchaussée des Landes.

Quant à Lefils qui, malgré ses protestations, était aussi poursuivi comme prévôt de Saint-Sever, il soutint qu'il n'avait fait qu'exercer la justice comme lieutenant de Petitlou qui, au surplus, se portait son garant. Il ajouta qu'un an et demi auparavant, on n'eût pas parcouru en sûreté le pays des Landes, mais que, grâce à la diligence qu'ils avaient mise, la sécurité était depuis bien assurée.

Sur les conclusions du Procureur du Roi qui estima que la Cour n'avait pas à connaître du principal et ne devait que statuer par provision, la Cour appointa les parties à venir défendre à quinzaine; les autorisa au surplus à informer de leurs droits et commit pour ces informations un conseiller du Parlement de Paris et un conseiller du Parlement de Toulouse; défendit, enfin, sous peine d'amende arbitraire, aux dites parties de procéder par voie de fait.

Ce procès ne devait pas recevoir de longtemps une solution définitive. La session de 1456 se terminait sans nouvelle décision. — L'affaire ne reparaît qu'en 1459.

A ce moment, elle semble s'être compliquée. Si le Procureur du Roi est toujours demandeur en cas d'excès contre Jean Lefils, celui-ci se présente comme appelant du sénéchal des Landes et de certains commissaires chargés de procéder à des informations sur ses agissements plus que suspects (¹). Il paraît même qu'en 1457, à raison de ces informations, Lefils avait été préventivement arrêté au château de Dax. — Les débats s'ouvrirent à l'audience du 29 octobre 1459. Ils furent longs et pleins de révélations aussi curieuses que scandaleuses sur la conduite de Lefils comme prévôt de Saint-Sever et lieutenant du sénéchal des Landes. — Pour le Procureur du Roi, il fut requis que, sans s'opposer à ce qu'il fût accordé à Lefils la délivrance de ses biens, il fût privé de son office, attendu les délits mis à sa charge. — Sur quoi, la Cour renvoya le cause au conseil pour y voir les informations.

Le 3 novembre 1459, intervenait enfin un arrêt qui, sans être définitif, statuait par provision sur les points les plus urgents. Il ordonnait que les parties, contraires en fait, feraient leurs enquêtes respectives, lesquelles seraient rapportées par devers le Parlement de Paris qui y ferait droit. Il enjoignait à Lefils de comparaître en personne devant cette Cour, lors de la discussion des enquêtes. Jusque-là il élargissait Lefils de la prison qu'il

(¹) Ces Commissaires, qui étaient Girard Le Boursier, Jean Tudert, Jean Bureau et Antoine Disomme, se présentaient le 19 septembre 1459, devant la Cour des *Grands-Jours*. Ils lui déclaraient rendre Lefils son prisonnier et lui remettaient les informations faites contre lui. — Lefils, incarcéré alors au château du Hâ, fut cependant élargi provisoirement peu de jours après, le 16 octobre.

subissait, mais il déclarait ses biens empêchés à raison des excès par lui commis, mais à sa caution seulement. Il le suspendait enfin de l'office de prévôt de Saint-Sever, jusqu'à ce qu'il en fût autrement ordonné par le Parlement (1).

L'œuvre des Commissaires de 1454 avait touché à trop d'intérêts et réformé trop d'abus fortement enracinés, pour qu'elle ne soulevât pas de tous côtés des plaintes plus ou moins vives, lesquelles, suivant la pratique du temps, se formulaient en un appel au Parlement de Paris.

C'est ainsi notamment qu'avaient procédé les doyen et chapitre de l'église cathédrale de Bayonne qui avaient, eux aussi, fait appel d'ordonnances rendues par des commissaires « ordonnez, est-il dit, sur la réformation » du païs de Bayonne » (2). — Comme ils n'avaient pas suivi sur leur appel, le Procureur Général les avait ajournés en désertion d'appel. — L'affaire vint à l'audience des *Grands-Jours* de 1456, le 19 octobre, et fut remise au lendemain, jour où elle fut définitivement renvoyée au Parlement de Paris.

On se rappelle que, pour mettre fin à l'abus des appels faits uniquement pour retarder le jugement des procès, il avait été ordonné, conformément, du reste, à une ancienne pratique, que les faux appelants, qui ne relèveraient pas leurs appels dans les délais fixés, seraient passibles de l'amende.

L'application de cette règle devait soulever par la suite bien des difficultés qui furent portées devant le Parlement

---

(1) *Arch. hist.*, t. IX, p. 81 et suiv., 156, 249, 346, 360 et 394.

(2) V. *Arch. hist.*, t. IX, p. 104 et 109. — Quels étaient ces commissaires? Il y a lieu de croire que ce sont ceux que nous connaissons déjà. Quant aux griefs du Chapitre de Bayonne, on est également réduit aux conjectures.

de Paris. — Quelques-uns de ces procès n'étaient pas encore jugés lorsque la Cour des *Grands-Jours* se réunit à Bordeaux en 1456. Elle eut donc à en connaître:

Ainsi, un certain Gassiot Digal, appelant du juge de Gascogne, n'ayant pas fait toute diligence pour relever son appel, fut ajourné devant les *Grands-Jours* en désertion d'appel et en paiement de l'amende.

L'affaire vint à l'audience du 28 septembre 1456. — Pour Digal, on excipa de ce que son appel ayant été interjeté en octobre 1454, c'est-à-dire avant que les Commissaires du Roi n'eussent rendu leurs ordonnances, lesquelles n'avaient été faites qu'après Noël 1454, l'amende n'avait pas été encourue. — Pour le Procureur du Roi, il fut répondu que l'appel ayant été fait en pays coutumier, il importait peu que l'appel eût été fait avant ou après les ordonnances des Commissaires; que ceux-ci n'avaient rien changé à ce qui existait auparavant en ce pays, ainsi qu'eux-mêmes l'avaient déclaré. — Pour Digal, il fut répliqué que le pays étant de droit écrit, les Commissaires n'avaient pu ordonner que *pro tempore futuro* et *non preterito*. — Sur quoi, la Cour appointa les parties au conseil, et statuant définitivement le 14 octobre suivant, rendit un arrêt absolvant Digal des demandes formées contre lui. — A la même audience fut rendu un semblable arrêt au profit de Jean Mayral qui avait également fait appel avant les ordonnances des Commissaires (1).

Ceux-ci avaient cru pouvoir, sans déroger à leur haute mission, accepter de juger un différend entre simples particuliers. Ce fait, qui est à noter, est révélé par un procès qui fut porté plus tard devant les *Grands-Jours*

____

(1) V. *Arch. hist.*, t. IX, p. 56, 57, 137, 138.

de 1459. Voici ce qui s'était passé : Bernardon de Laborde, qui prétendait que Pierre de Valaussun retenait indûment une terre dite de Hardy, que sa mère lui avait précédemment donnée en gage pour une somme de 200 livres bordelaises, l'avait fait approcher devant les Commissaires de 1454. Les parties les ayant acceptés pour juges et leur ayant remis leurs titres respectifs, les Commissaires avaient statué en ordonnant la restitution de ladite terre à de Laborde. — Mais Valaussun n'avait pas accepté cette décision, et s'était porté appelant des Commissaires royaux. Appelée à l'audience du 16 octobre 1459, la cause, dûment appointée et renvoyée à un jour prochain, revenait à l'audience du 19 octobre où allaient se développer de longs et curieux débats. — Valaussun soutint que, s'il avait remis ses titres aux Commissaires, sur leur demande, il ne les avait pas acceptés pour juges, ajoutant que d'ailleurs ils n'étaient pas commis pour juger, mais seulement ordonnés pour la police et la justice. Il concluait, en conséquence, à la nullité de leur sentence. — Pour de Laborde, on répondit que, si Valaussun avait été laissé en possession de la terre donnée en gage, c'est qu'il avait autorité du temps des Anglais et qu'on n'avait osé s'attaquer à lui. On ne s'était décidé à agir qu'après l'arrivée des Commissaires qui avaient été acceptés pour juges par toutes parties; d'où résultait que l'appel n'était pas recevable. — Pour de Valaussun, il fut répliqué qu'il n'avait jamais accepté les Commissaires pour juges et que ceux-ci l'avaient forcé à produire ses titres; qu'au surplus, au fond, la terre de Hardy avait été vendue et non engagée, et qu'en admettant qu'il y eût faculté de rachat, le délai était expiré, etc. — Sur quoi, la Cour appointa les parties au conseil pour présenter leurs défenses. — L'affaire n'ayant pas reçu décision de cette juridiction transitoire, elle dut être renvoyée au Parlement de Paris (¹).

Par tout ce qui précède, il est facile d'apprécier l'action puissante qui fut exercée par les Commissaires de 1454. Elle devait se faire ressentir longtemps après leur départ, et, malgré toutes les résistances des intérêts plus ou moins atteints par les réformes, le régime français allait prendre pied sur le sol aquitain (²). On le verra bien plus tard, quand les *Grands-Jours* de 1456 et de 1459 vinrent vider quelques-uns des nombreux différends qui étaient restés en suspens depuis qu'il n'y avait plus en Guyenne de juridiction souveraine. — C'est ce qui me reste à examiner.

(¹) V. *Arch. hist.*, p. 327 et 335.

(²) Mais il ne fut pas si aisé de relever le pays de la grande détresse où il était tombé. Les relations commerciales de Bordeaux sont perdues. Les mesures prises contre les Anglais, pour assurer la sécurité de la Guyenne, ont porté coup à la vente des vins du pays, l'unique aliment du commerce et la seule source de richesse pour les habitants. Les anciennes foires sont abandonnées, et la désertion des villes et des campagnes est devenue inquiétante. En 1462, on constatera que, depuis dix ans, la Guyenne aura perdu un tiers de ses habitants.

QUATRIÈME PARTIE

LES GRANDS-JOURS DE BORDEAUX

DE 1456 ET 1459 [1]

---

1. — LES GRANDS-JOURS DE 1456

I. — Aperçu historique.

Charles VII, dans ses *Lettres de Pardon* (11 avril 1453/54) par lesquelles il rattachait au Parlement de Paris l'ancien ressort de la *Cour souveraine* de Bordeaux, avait déclaré que, « pour mieulx soulaiger et garder de travaulx » les habitants des « pays conquestés, » il y enverrait, « une » fois l'an ou une fois en deux ans, selon l'exigence des » cas, » un président et quatre conseillers de son Parlement de Paris, pour connaître, en dernier ressort, des appels interjetés des diverses juridictions de la Guyenne.

Par cette concession, le roi de France manifestait clairement son intention de ne pas rendre aux Gascons la *Cour souveraine* de 1451/52. Il se considérait évidemment comme dégagé à leur égard, par le soulèvement de 1452,

---

(1) Les registres de ces *Grands-Jours* ont été intégralement publiés dans le tome IX des *Archives historiques de la Gironde*, et l'on a pu remarquer, par les nombreux emprunts que j'ai dû y faire, quelle source abondante de renseignements ils constituent. C'est, en effet, le plus grand service qui ait encore été rendu à l'histoire judiciaire de la Guyenne avant 1462. Il est largement complété par la remarquable Introduction dont M. Barckhausen a fait précéder cette publication. Ma tâche se trouve par là même singulièrement diminuée, et je ne dirai de l'œuvre de ces *Grands-Jours* que ce qui sera nécessaire pour présenter, suivant le plan que j'ai arrêté, l'ensemble des origines du Parlement de Bordeaux.

133

de la promesse contenue dans le traité de capitulation
de 1451, et entendait tenir rigueur à des gens qui avaient
si vite secoué le joug du régime français.

Privés d'une juridiction souveraine sur leur territoire,
les habitants de la Guyenne allaient désormais subir tous
les désagréments et tous les périls résultant de l'éloigne-
ment de la juridiction d'appel. Il leur fallait, comme
jadis, aller plaider devant le Parlement de Paris, à travers
les difficultés et les dangers d'un voyage long et dispen-
dieux que tous ne pouvaient pas faire. — C'était évidemment ajouter aux misères que subissait alors la Guyenne
sous toutes les formes. Les villes étaient dépeuplées, les
campagnes stériles et désertes. Nombre d'habitants,
fuyant la proscription et la détresse générale, avaient
émigré à Londres où ils essayaient de continuer le commerce qu'ils ne pouvaient plus exercer dans leur patrie.
Plusieurs même, et des plus grands, cherchaient à y
trouver des ressources dont ils étaient privés (1).

Les années 1454 et 1455, bien dures pour la Guyenne
traitée en pays de conquête, s'étaient écoulées sans que
les *Grands-Jours* annoncés eussent paru à Bordeaux. Il
y en avait bien eu récemment à Thouars, à Angoulême,
à Limoges et à Périgueux en 1454 et 1455. Plusieurs
affaires venant des limites de l'ancien ressort de la *Cour
souveraine* y avaient été portées; mais il y avait encore
bien des appels en suspens, appels pour la plupart
dilatoires, interjetés uniquement pour arrêter le cours de
la justice.

(1) Conf. Ribadieu, *op. cit.*, p. 387 et suiv., où se trouvent d'intéressants détails sur cette exode. — V. dans Rymer et dans le *Catalogue
des rôles gascons*, après 1454, les nombreux permis de négoce accordés
en Angleterre à des Gascons : « *Licentiæ traducendi mercandisas con-
cessæ...* », et parmi ces Gascons : François de Montferrand, Gaillard de
Durfort, sire de Duras, Jean de Lalande, etc., etc.

Cependant, vers la fin du mois d'août 1456, arrivaient à Bordeaux plusieurs magistrats du Parlement de Paris, commis pour y tenir la Cour des *Grands-Jours*. Ils avaient sans doute été précédés de la publication des lettres d'institution de cette Cour ; mais le texte de ces lettres ne nous est point parvenu, et par suite, la date de l'institution n'est pas connue. On peut néanmoins se fixer sur leur mission en se référant aux lettres des *Grands-Jours* de 1459. Ce qui pressait le plus, c'était de déjouer la fraude et la malice des plaideurs qui, « pour délayer et assoupir » le bon droit », interjetaient des appels sans y donner suite, « espérant que, pour la multitude des procès » affluens » au Parlement de Paris, « et la longtenneté » des pays, ou la povreté, indigence ou impotence » de leurs parties adverses, leurs causes resteraient indéfiniment poursuivies.

Le jeudi 2 septembre 1456, dès le matin, les magistrats parisiens se réunissaient au château de l'Ombrière, siège traditionnel des anciennes juridictions supérieures de la Guyenne. Il est temps de les faire connaître. Ce sont : Hélies de Tourettes, président [1] ; — Etienne de Mondidier [2], Pierre de Latreille, Jean Barton et Jean de La Réaulte, conseillers clercs ; — Guillaume de Vic, André Colin, Jacques Fournier et Henri de Livres, conseillers lais ; — en tout huit conseillers. — Deux autres, Jean Bastart et Barthélemy Artigalupe, ne devaient rejoindre leurs collègues qu'un peu plus tard.

Sont venus, avec eux, de Paris, le greffier Gilbert Brunat, et les deux premiers des trois huissiers : Jean Choisel, Nicolas Lemercier et Laurent Rale.

---

[1] H. de Tourettes devint premier président du Parlement de Paris en 1461.

[2] E. de Mondidier était alors président aux enquêtes.

Ce nombreux personnel, après avoir entendu, suivant l'usage du Parlement de Paris, la messe du Saint-Esprit *alta voce*, dans la chapelle du château de l'Ombrière, se rendait dans la chambre du conseil, et de là dans la salle d'audience.

Là, se trouvent déjà réunis les personnages les plus éminents de la province, notamment Jean de Bourbon, comte de Clermont, gouverneur de la Guyenne, le sire d'Albret (dit cadet d'Albret), Me George Havart, maître des requêtes de l'hôtel du roi. — Aussitôt, suivant l'usage, sont lues les lettres d'institution de la Cour des *Grands-Jours*, celles plus particulières aux conseillers, au greffier et aux huissiers, puis les ordonnances concernant les avocats et les procureurs de ladite Cour, enfin les requêtes des avocats et des procureurs sollicitant d'être admis à la barre.

Ces avocats et ces procureurs, leur admission prononcée, prêtent sur-le-champ le serment d'observer les ordonnances lues ci-avant.

Sont lues immédiatement après les ordonnances royales touchant la Cour du Parlement, les baillis, les sénéchaux, les prévôts et les autres officiers et justiciers royaux, jusque, dit le procès-verbal, *ad articulum :* « *item*, est » pour ce que souvente foiz, etc... » — Les derniers articles, supprimés à la lecture par la Cour, *certis ex causis*, devront cependant, par son ordre exprès, être intégralement transcrits dans ses registres.

Revenus dans la chambre du Conseil, après dîner, les membres de la Cour s'occupent d'organiser un service auquel il n'avait pas été pourvu par les lettres d'institution, celui de l'audience de la chancellerie des *Grands-Jours*. Ils commettent, en conséquence, pour tenir cette audience, Me Joachin Luart, notaire et secrétaire du Roi, celui-là même que l'on a déjà vu remplir auprès des Commissaires de 1454 l'office de secrétaire, et Me Gilbert Brunat, notaire et secrétaire du Roi, greffier de la Cour, pour faire le contrôle de cette audience.

Dès le lendemain, 3 septembre, la Cour, après délibération en chambre du conseil, décidait — c'est à noter, — qu'elle observerait et garderait l'ordonnance rendue par les Commissaires de 1454, messire de Jambes et ses collègues, relativement à l'amende des faux appels interjetés de tous les juges « qui ressortissoient à la *Cour* » *souveraine* qui souloit scoir à Bourdeaulx. »

Après avoir vaqué les 4 et 5 septembre, la Cour se mettait à l'œuvre pour évacuer, autant qu'il pouvait dépendre d'elle, quelques-uns des nombreux procès plus ou moins attardés, souvent par le fait même des plaideurs.

Sa session se poursuivait, sans incident à signaler, jusqu'au samedi 23 octobre, et deux jours après elle rendait ses derniers arrêts.

Il s'agit maintenant d'étudier son organisation intérieure et ses attributions.

II. — Organisation; personnel; attributions.

On connaît déjà les noms des onze magistrats de Paris, commis pour composer la Cour des *Grands-Jours*, ainsi que le nom du greffier de cette Cour et des membres de sa chancellerie.

Auprès d'elle, fonctionnèrent, comme avocat général, André Cousinot, et, comme procureur général, Pierre Sohier. Ils étaient venus de Paris, comme les conseillers, mais on a remarqué qu'ils n'avaient pas figuré à l'audience solennelle d'installation de la Cour.

La compétence d'attribution de la Cour qui s'étendait, en principe, à toutes sortes de litiges, tant civils que criminels, était cependant limitée en ce qu'on avait retranché de ses attributions les actions réelles et pétitoires dépassant deux mille livres en capital ou cent livres en revenu.

Sa compétence territoriale était moins bien délimitée. En l'étendant à tous les pays qui avaient relevé de la *Cour souveraine* de Bordeaux, on avait persisté dans l'incertitude que cette formule avait constamment entretenue (V. *suprà*, IIe partie, p. 67); aussi, la Cour des *Grands-Jours* fut, plus d'une fois, arrêtée par des questions relatives aux limites de son ressort.

On a déjà vu que la Cour avait, aussitôt son entrée en fonctions, décidé de suivre quant aux faux appels les règles posées par les Commissaires de 1454. Comme il était, du reste, assez naturel, elle devait, dans ses décisions et dans tous ses actes, se conformer aux usages du Parlement de Paris.

Dès sa première audience, elle avait admis à sa barre des avocats dont elle reçut le serment. D'où venaient-ils? C'est assez incertain. Tout ce qu'on sait, c'est que la plupart semblent être venus en Guyenne depuis la conquête. Voici, du reste, les noms des avocats plaidants relevés sur les registres de la Cour; ils sont en petit nombre :

> ANDRÉ COUSINOT ([1]),
> ... ARTAULT ([2]),
> PIERRE RAPHAEL ([3]),

---

[1] Bien qu'avocat général, il était autorisé par l'usage à plaider pour les parties dans les causes où le Roi n'avait intérêt.

[2] Il y avait à cette époque un Jean Artault, connétable de Bordeaux.

[3] Tout avocat très occupé qu'il fût, il était encore lieutenant du sénéchal de Guyenne et du prévôt des maréchaux.

Alzias Capuch (¹),

François Duvolier (²),

. . . de Chastaulain.

Les registres de la Cour indiquent comme procureurs ayant occupé devant elle, les suivants :

Pierre Courault (³),

Jean Lemercier,

Antoine Bonneau,

Antoine de Fontaines,

(¹) Il était abbé de Verteuil en l'île de Médoc. Il eut, à l'occasion de son abbaye, un procès avec Bernard de Garos, rapporté *suprà*, II⁰ partie, p. 82. — Nombre d'avocats étaient alors, comme lui, des prêtres réguliers ou séculiers.

(²) Il cumulait aussi, avec un rôle très actif au barreau, les fonctions non moins actives d'assesseur du sénéchal, fonctions qui lui valurent quelques désagréments de la part d'un certain avocat nommé Pierre Rebouil. Les aventures de cet avocat donnent une idée de l'existence à Bordeaux de la foule de légistes de tous ordres qui s'y étaient abattus. Il y était arrivé en août 1452. Fait prisonnier au mois d'octobre suivant, lors de l'arrivée de Talbot, il fut torturé par les Anglais voulant lui soutirer de l'argent (ils lui auraient mis des œufs chauds sous les aisselles et fait semblant de le noyer). Rançonné à 83 écus, il se fit conduire devant Talbot où il plaida sa cause si bien qu'il fut mis en liberté et élargi pour six mois. Il se dépêcha aussitôt de quitter la Guyenne. Il y revint plus tard, après la seconde capitulation, et chercha à acquérir un greffe : ce qui le mit en difficulté avec un certain Eymery Rabeau, enquêteur en Guyenne. Les choses s'étant envenimées, Rabeau accusa Rebouil d'avoir écrit à Talbot une lettre injurieuse pour le Roi, et Rebouil, de son côté, imputa à Rabeau des violences et des injures. C'est sur ces entrefaites que Mᵉ Duvolier, qui avait plaidé dans la cause, faisait, comme juge, arrêter Rebouil, dont les biens étaient saisis. Il estimait sa perte à 300 écus. Parmi les objets saisis se trouvait notamment un lit appartenant à Jean Bragier, dont on a vu la triste aventure, *suprà*, IIᵉ partie, p. 73, et qui était devenu depuis receveur à Bordeaux. — Il y avait aussi, parmi les livres, un *Décret* appartenant à Pierre Bragier, le lieutenant du sénéchal. — On trouve ainsi réunis, dans une vie presque commune, des gens arrivés en Guyenne depuis 1451. (V. *Arch. hist.*, t. IX, p. 84 et suiv.)

(³) Il était procureur au Parlement de Paris. — Quant aux autres, rien ne révèle leur origine. Cependant Mᵒˢ de Fontaines et R. Lobain paraissent avoir été eux aussi des procureurs de Paris.

Pierre Despos,
Antoine Dupuy,
Pierre Cautel,
Robert Lobain.

D'après les usages de l'époque, des épices étaient payées aux juges par les plaideurs qui avaient perdu leur procès, et ce, après taxe faite par le rapporteur. Ainsi procédèrent les magistrats des *Grands-Jours* dont on trouve les quittances dans les registres de la Cour, et en cette forme : ..... *Habui pro speciebus (quatuor* ou *sex) scuta, solvenda per* (le nom du plaideur); *que habui...* (la signature du rapporteur). — Ces épices, très variables suivant l'importance des procès, présentent, pour la session de 1456, une moyenne de quatre écus par affaire ([1]).

Il reste à donner un aperçu des décisions de cette Cour.

III. — Affaires jugées ([2]).

La session des *Grands-Jours* de 1456 avait été assez courte, du 2 septembre au 23 octobre, trop courte même, à raison du grand nombre des procès restés en suspens dans le pays de Guyenne.

La Cour n'en examina pas moins plus de quatre-vingts procès sur lesquels elle ne statua, il est vrai, pour la plupart, que par *appointements* ou sentences préparatoires. — Dans le nombre des affaires terminées, il y en

[1] V. *Arch. hist.*, t. IX, p. 243 et suiv.

[2] Dans les Ire et IIe parties, j'ai déjà fait connaître les arrêts rendus par les *Grands-Jours* de 1456 dans des affaires commencées devant la *Cour supérieure* ou la *Cour souveraine*. — Dans la IIIe partie, j'ai donné les arrêts de cette Cour sur les oppositions faites aux ordonnances des Commissaires de 1454.

a surtout beaucoup qui le furent uniquement par l'annulation d'appels qui n'avaient pas été relevés dans les délais fixés par les ordonnances de 1454.

Parmi les autres affaires, on remarque principalement de nombreuses revendications de terres usurpées à la faveur des troubles de 1451 et 1452, et qui permettent de juger ce qu'était alors l'état de la propriété en Guyenne. C'était, en effet, chose fort difficile de démêler le droit de chacun. Charles VII ayant déclaré, par l'*abolition* de Bordeaux, que chacun reviendrait à ses terres, plusieurs seigneurs et autres s'étaient emparés de certains héritages. Ils invoquaient, notamment, un certain édit de Compiègne, publié une première fois le 22 août 1429, confirmé depuis le 28 octobre 1450, par lequel le roi de France avait rétabli dans les biens dont ils avaient été dépouillés pendant leur absence, tous ceux qui l'avaient fidèlement suivi pendant que les Anglais occupaient tout son royaume (1). Toutefois l'application à la Guyenne de cet édit qu'on disait avoir été fait pour la Normandie, soulevait les plus violents conflits. Citons-en quelques exemples.

---

(1) Depuis le commencement du xv⁵ siècle surtout, il s'était produit de nombreuses défections parmi les seigneurs gascons, encouragés qu'ils étaient par l'exemple des plus grands personnages du pays; mais, si en se faisant « Français » comme on disait alors, ils avaient perdu leurs seigneuries, ils n'avaient pas manqué de s'en faire dédommager par le roi de France. — En attendant, les rois d'Angleterre avaient disposé des confiscations au profit des personnages le plus en faveur auprès d'eux. C'est ainsi que de nombreuses concessions de cette sorte avaient été faites à Charles de Beaumont, au célèbre Bernard Angevin, et à bien d'autres encore. (V. le *Catalogue des rôles gascons*, aux années 1415, 1416, 1428, 1429. — V. Baurein, *Variétés*, notamment t. VI, p. 50 et suiv.) — La conséquence de ces agissements fut qu'après la seconde réduction de la Guyenne (1453), des conflits à l'infini s'élevèrent entre les anciens possesseurs voulant rentrer dans leurs domaines, et les détenteurs actuels invoquant une possession régulière.

L'une des plus importantes revendications soumises aux *Grands-Jours* de 1456 fut sans contredit celle de la baronnie de *Castillon-sur-Gironde*, par les comtes de Foix et de Dunois. Cette affaire, portée d'abord devant la *Cour souveraine* qui n'eut pas le temps de la juger (V. *suprà*, IIe partie, p. 81), reparut devant les *Grands-Jours* de 1456 dès l'une de ses premières audiences (17 sept.). Pendant qu'elle procédait à l'instruction du procès, intervenait, sous le sceau de cette Cour, à la date du 28 septembre, une lettre d'état commandant de faire droit aux parties (¹). Cette lettre était bientôt suivie d'un arrêt de la Cour qui, au moment de se séparer, confirmait un appointement précédemment rendu dans cette affaire par le sénéchal de Guyenne (²). Le fond était resté en suspens au grand déplaisir des comtes de Foix et de Dunois qui, le 16 juillet 1457, obtenaient de Charles VII une nouvelle lettre d'état. Celle-là, sous scel royal, et adressée aux Parlements de Paris et de Toulouse, aux sénéchaux de Guyenne et autres, enjoignait de mettre lesdits comtes en possession de la terre de Castillon, et ce, néanmoins, par provision et jusqu'à ce qu'autrement en fût ordonné (³). Sans perdre de temps, lesdits comtes poursuivaient cette mise en possession. Dès le 6 septembre 1457, ils faisaient requérir le sénéchal de Coëtivy de procéder à l'exécution de la lettre d'état. Le 8 septembre, sans aucun retard, le sénéchal se transportait à Saint-Christoly en Médoc, et faisait sommer Poncet de Pardeilhan, tuteur des mineurs Pons de Pardeilhan, de remettre provisoirement en la possession des comtes la terre de Castillon ; mais la place était occupée par une

---

(¹) V. *Arch. hist.*, t. VI, p. 75.
(²) V. *Arch. hist.*, t. IX, p. 29, 40, 144, 208.
(³) V. *Arch. hist.*, t. IX, p. 77 et suiv., 79 et suiv.

compagnie du seigneur d'Orval, commandée par Jean de Baulac qui, d'après les instructions qu'il avait reçues, refusa d'ouvrir les portes. Le sénéchal dut se résigner à réunir les vassaux et à les sommer de remettre aux comtes tous les revenus de la terre, en les reconnaissant pour seuls maîtres quant à présent (1). — Trois années s'écoulent dans ce provisoire où la violence avait pris le pas sur la justice. Quand les *Grands-Jours* de 1459 se réunirent, l'affaire s'était transformée : Bertrand de Pardeilhan, au nom des mineurs de Pardeilhan, ses petits-fils, portait l'affaire à l'audience de cette Cour, mais en se disant, cette fois, demandeur en cas d'excès contre les comtes de Foix et de Dunois. Appelée à l'audience du 2 octobre 1459, l'affaire y rencontrait de la part des comtes un mauvais vouloir évident. Ils faisaient déclarer qu'ils n'étaient pas prêts, et n'en requéraient pas moins l'entérinement des lettres d'état obtenues par eux. Pour le comte de Foix, on déclarait même que, si cet entérinement n'était pas prononcé, il entendait, comme pair de France, n'être tenu de plaider qu'en Cour de Parlement. — On lui répondait aussitôt qu'il n'y avait lieu à surseoir; qu'il ne s'agissait pas, du reste, d'une terre de la pairie du comte. — Sur quoi, la Cour ordonnait la production des lettres d'état et au Conseil. — Délibérée au Conseil, le 24 octobre, l'affaire ne recevait encore qu'une solution incidente. Par son arrêt, la Cour, sans s'arrêter aux lettres d'état dont s'aidait le comte de Foix, non plus qu'aux exceptions élevées par lui et les autres, ordonnait que les parties procèderaient

---

(1) Rien de plus curieux que cette résistance à main armée opposée au représentant du Roi par un grand seigneur, assisté de gens d'armes amenés par un capitaine d'aventure. Tel était l'état social de cette époque troublée.

et iraient avant en cause, sans préjudice desdites lettres d'état ou autres exceptions, dépens réservés en définitive. — A l'occasion de ces dépens, le procureur de Dunois déclarait, à l'audience du 29 octobre, consentir, en son nom, à ce que la taxation de dépens faite contre le comte de Foix sortit effet contre lui (1). — Cela voulait-il dire que Dunois prît l'affaire à son compte? La suite n'est pas connue.

La terre de Bautiran (2) était également disputée par plusieurs personnages parmi lesquels on retrouve encore les comtes de Foix et de Dunois, qui avaient pour adversaire le chevalier Louis de Beaumont, seigneur de Lalande, sénéchal de Poitou (3). Celui-ci, dans un autre procès pour la même terre, avait contre lui Pierre de La Mothe, écuyer.

(1) V. *Arch. hist.*, t. IX, p. 302, 359, 360, 387.

(2) V. sur la maison noble de La Mothe ou Motte-de-Bautiran, Baurein, *Variétés*, t. V, p. 86 et suiv., où sont indiqués comme anciens seigneurs : Gaillard de La Mothe (1341), Amanieu de La Mothe (1397), Guillaume-Arnault-Guilhem de La Mothe (1411). Cette seigneurie passa plus tard dans la maison de Lalande. — Quant aux titres des comtes de Foix et de Dunois sur cette seigneurie, ils se rattachaient à cet ensemble d'agissements suspects des premières années de la conquête.

(3) Louis de Beaumont avait pris une part active à la campagne de 1449-1451. Ses débuts n'avaient pas été des moins suspects. En 1449, après la rupture de la trêve, étant alors seigneur de Curton et capitaine du château de Mauléon-de-Soule, il avait livré cette place au comte de Foix, redevenu Français depuis que la France était devenue victorieuse. (V. Rymer, t. V, part. 2, p. 14.) — L. de Beaumont fit de même, et ne tarda pas à donner à Charles VII des gages de son dévouement. Il devint bientôt sénéchal du Poitou, conseiller et chambellan du Roi, chevalier, seigneur du Plessis et de La Motte de La Forest. Après 1451, il était gratifié de toutes les seigneuries de la maison de Lalande dont la terre de Bautiran faisait partie, lorsque Jean de Lalande était passé en Angleterre. (V. Baurein, t. IV, p. 243.) — Il n'avait eu, dès lors, rien à refuser au roi de France. Aussi le trouve-t-on, avec Tristan Lhermitte, parmi les commissaires qui, en 1454, jugèrent Pierre de Montferrand. — Il passait, dès lors, comme un de ceux qui, après la bataille de Castillon, s'étaient fait la plus grosse part du butin, à ce point qu'il fut contraint à certaines restitutions. (V. lettres-patentes du 14 juillet 1454.)

Ce dernier procès occupa plusieurs audiences, sans recevoir cependant une décision définitive, comme il arrivait souvent à raison des courtes sessions des *Grands-Jours*. Néanmoins, les débats, très animés de part et d'autre, révélèrent des faits se rattachant aux sombres jours de la conquête, et comme tels ils sont à noter. — Des deux côtés, on se prétendait en possession de la terre litigieuse. — Si, en effet, P. de La Mothe se prétendait seigneur de Bautiran, et en jouissance effective et actuelle de cette seigneurie, pour L. de Beaumont, on exposait que Amanieu de La Mote, seigneur de Bautiran, avait joui de cette terre jusqu'à son décès et l'avait laissée à son fils Arnault-Guilhem, qui en avait aussi joui jusqu'à son décès; qu'elle était alors passée à son héritier institué, messire Raynaud de Lalande, qui en avait joui jusqu'à la journée de Castillon, où il avait été fait prisonnier. Depuis, la Guyenne ayant été définitivement conquise par Charles VII, ce prince, pour reconnaître les services de L. de Beaumont, lui avait donné les terres de Raynaud de Lalande et lui en avait baillé lettres-patentes; qu'il s'en était mis alors en possession, notamment de la terre de Bautiran; mais que P. de La Mothe avait tenté depuis de reprendre cette terre par des moyens violents contre lesquels L. de Beaumont avait obtenu des lettres-royaux pour faire ajourner La Mothe en Parlement.

Pour P. de La Mothe, on répondait qu'étant allé au service du Roi, il avait délaissé ses héritages dont les Anglais s'étaient emparés, notamment de Bautiran qu'il tenait de la succession de Arnault-Guilhem, son parent; qu'ayant été fait prisonnier, il ne fut tiré de prison que par rançon; qu'il s'était rendu alors, auprès des comtes de Foix et de Dunois et les avait requis de le recevoir à foi et hommage : ce qui avait été fait ; que si, plus tard, il avait tenté de reprendre ses héritages, il n'avait pas excédé son droit ; que L. de Beaumont invoquait vainement un testament de Arnault-Guilhem de La Mothe par lequel il aurait institué Raynaud de Lalande ; que ce testament était sans valeur, ayant été fait par un mineur ; qu'il invoquait également à tort la donation faite par le Roi, cette donation n'ayant pas été vérifiée en la Chambre des comptes.

Pour L. de Beaumont, on répliquait que Arnaud-Guilhem avait quinze à seize ans quand il avait fait son testament, et que, par suite, cet acte était valable, d'après la coutume de Bordeaux ; qu'il avait donc pu instituer R. de Lalande pour son héritier ; que le Roi, après la réduction de Bordeaux, ayant déclaré que chacun reviendrait à ses terres et possessions, L. de Beaumont avait repris la terre de Bautiran, dont il avait titre, tandis que P. de La Mothe ne pouvait invoquer l'édit de Compiègne fait seulement pour les gens de Normandie.

Cousinot, comme avocat du Roi, donnait enfin ses conclusions. Il déclarait que L. de Beaumont était sous la sauvegarde du Roi et que les excès faits contre lui depuis l'appel devaient être réprimés. Il concluait, en conséquence, à ce que P. de La Mothe fût condamné à faire amende honorable à la discrétion de la Cour. — Quant à l'édit de Compiègne, il estimait qu'il s'étendait à tout le royaume ; qu'il n'était, du reste, en rien contraire à la déclaration faite par le Roi pour le pays bordelais.

La Cour statuait, après un long délibéré, le 2 octobre 1456, tant sur l'appel de P. de La Mothe, que sur celui de L. de Beaumont. Elle rejetait leurs appels respectifs, et les renvoyait devant les requêtes du Palais à Paris, au lendemain de Saint-Martin d'hiver prochainement venant, pour procéder tant sur les excès commis que sur la possession de la terre de Bautiran (¹).

Dans le second procès relatif à cette même terre de Bautiran, les comtes de Foix et de Dunois étaient appelants du Sénéchal de Guyenne. On disait, pour eux, qu'ils avaient acheté la terre de Bautiran dont ils avaient joui comme seigneurs; mais que L. de Beaumont les ayant troublés dans leur possession, ils l'avaient ajourné devant le Sénéchal; que là, ayant requis le procureur de L. de Beaumont de montrer sa procuration, ils en avaient demandé la nullité, parce que le notaire l'avait reçue hors de son territoire; que cependant le Sénéchal avait passé outre : ce dont était appel.

Pour L. de Beaumont, on répondait que, comme seigneur de Bautiran, il avait à toucher des rentes dépendant de cette seigneurie; mais que les comtes de Foix et de Dunois s'y étaient opposés : d'où le procès porté devant le sénéchal; qu'au fond, la procuration de son procureur était régulière, parce qu'elle avait été passée par le notaire au lieu de Laforest, en Poitou, ce territoire lui ayant été prêté par le seigneur de Laforest qui y avait haute justice; qu'au surplus, le notaire était royal et la procuration scellée du scel du sénéchal de Guyenne.

Après de longs débats, la Cour rejeta l'appel des comtes de Foix et de Dunois et les condamna aux dépens (²).

On retrouve Pierre de La Mothe dans un procès où il revendiquait contre les époux Aymon de Treulon le moulin de Couréjean (³), dans la paroisse de Villenave,

---

(¹) V. *Arch. hist.*, t. IX, p. 5, 10, 16 et suiv., 125, 136, 178.
(²) V. *Arch. hist.*, t. IX, p. 13 et suiv., p. 132, 203.
(³) Ce moulin, situé sur l'estey de Courejean (V. Baurein, t. IV, p. 178), a appartenu à la maison de Belhade. En 1273, le chevalier Guitar du Bourg se qualifiait seigneur de Courejean. — Quant à la

vicomté d'Ornon. — Pour lui, on soutenait que, comme ses prédécesseurs, il avait toujours joui de ce moulin jusqu'au moment où, pour garder sa loyauté, il s'était retiré devers le roi de France; mais qu'après la réduction, étant venu à Bordeaux, il avait été fait prisonnier et mené en Angleterre; que, rentré plus tard en Guyenne, il s'était remis en possession du moulin, par vertu de l'édit de Compiègne; qu'il avait alors demandé au prévôt de Bordeaux de faire crier ledit moulin; que les criées avaient été faites et qu'il ne restait plus qu'à consolider la seigneurie directe avec l'utile, lorsque étaient intervenus les époux de Treulon qui l'avaient ajourné devant le sénéchal de Guyenne; qu'il avait alors vainement excipé de l'instance, pendante devant le prévôt, que le sénéchal avait passé outre et donné sentence : ce dont était appel.

Pour les époux de Treulon, on répondait qu'ils étaient seuls seigneurs dudit moulin dont ils avaient la jouissance depuis plus de quinze ans, lorsque P. de La Mothe s'en était emparé de force; qu'ils avaient alors obtenu des lettres-royaux afin que, selon l'*abolition* de Bordeaux, ils fussent remis en possession du moulin; que c'était d'après cette *abolition,* que le sénéchal leur avait donné gain de cause; qu'il n'avait fait par là que ce que lui mandait le roi; qu'il n'avait pas à renvoyer la cause au prévôt qui ne pouvait en connaître, s'agissant de l'*abolition.*

---

famille de Treulon, la maison noble de ce nom était dans la paroisse de Bruges. Au xve siècle, Jean de Treulon était propriétaire de la maison noble d'Angludet, dans Cantenac (Médoc) Au commencement de ce siècle, avait eu lieu l'alliance des Treulon avec les Makanau, ces riches marchands bordelais, qui étaient originaires de Londres. En 1425, un Pierre de Makanan était époux de Marguerite de Treulon. (V. *infrà,* p. 149, note 1, et Baurein, t. II, p. 250.)

Pour P. de La Mothe, on répliquait que ses adversaires n'avaient joui du moulin que pendant qu'il était au service du Roi; que s'il en avait repris la possession, ce n'était pas par voie de fait, mais *virtute litterarum regiarum et virtute edicti* de Compiègne.

Pour les époux de Treulon, on dupliquait en disant : qu'en supposant que P. de La Mothe eût pour lui l'édit de Compiègne, les intimés avaient pour eux *l'abolition;* que, par suite, deux privilèges étant en présence, c'était le cas de recourir *ad jus commune;* qu'en conséquence, ils devaient être maintenus dans leur possession.

Cousinot, pour le Procureur du Roi, donnait enfin ses conclusions. Il estimait que *l'abolition* de Bordeaux, par laquelle le roi avait voulu que chacun fût remis en ses possessions, ne préjudiciait pas à l'édit de Compiègne, ainsi que le roi l'avait lui-même déclaré. Il requérait en conséquence que l'édit de Compiègne fût gardé et observé sans qu'il y eût à recourir *ad jus commune.*

La Cour, statuant définitivement le 23 avril 1456, rejeta l'appel de P. de La Mothe, et le condamna aux dépens (¹).

On a remarqué le rôle important attribué, dans les procès en revendication ci-dessus relevés, à ces deux documents assez équivoques : *l'édit de Compiègne,* et *l'abolition de Bordeaux,* et on a pu apprécier par là ce que les dérogations au droit commun ne manquent jamais de produire.

Le commerce de Bordeaux avait eu à souffrir de cet état de violence générale. Des procès portés devant les

____

(¹) V. *Arch. hist.,* t. IX, p. 7, 29, 77, 125, 145, 230. — On peut consulter utilement, pour les nombreuses revendications de cette époque, le relevé qui se trouve aux pages XXI et suivantes de l'Introduction de ce volume.

Grands-Jours de 1456 peuvent en donner idée. Citons, pour exemple, l'un de ces procès où se révèle le peu de sécurité que le commerce maritime trouvait dans nos parages.

Une barque, *le Saint-Eustache,* expédiée sur la Flandre, avec un chargement de sel, par des marchands de La Rochelle nommés Robin Ponisson, André Desloges et Lambin Sante, avait été prise par des « pirates anglois de Bayonne », qui l'avaient vendue avec son chargement à Arnault Makanan (¹). Comment cette prise avait-elle été conduite dans le port de Bordeaux? Rien ne le dit ; mais il est certain qu'elle avait été arrêtée dans ce port par les marchands de La Rochelle. Entre-temps, barque et cargaison avaient été remises à Makanan, sous le cautionnement d'un marchand de Bordeaux, Nolot de Revesque. — Les marchands avaient alors introduit contre ce dernier devant le sénéchal de Guyenne une demande en restitution de la barque et du sel, et en dommages-intérêts. — Le sénéchal, après examen de l'affaire et après avoir déféré le serment aux marchands à concurrence de la somme de 400 écus d'or, monnaie courante, avait condamné Nolot de Revesque au paiement de cette somme. — Sur l'appel de ce dernier au Parlement de Paris, l'affaire avait été renvoyée aux *Grands-Jours* à l'audience desquels elle vint les 7, 9 et 13 septembre. — Par son arrêt du 19 octobre, la Cour confirma la sentence

---

(¹) « Anglois », lit-on dans la procédure, « ...*etiam quondam dicte* » *nostre ville Burdegalensis civis seu habitator...* » dit l'arrêt. En effet, Arnault de Makanau, de la grande famille de ce nom, avait été l'un de ces bourgeois bordelais qui, proscrits ou exilés volontaires, passèrent en Angleterre dont, du reste, les Makanan étaient originaires. (V. Baurein, t. II, p. 250; t. III, p. 273.) — V. encore un curieux document où il est question à la fois de son frère Pey de Makanan, décédé avant 1451, de la veuve de celui-ci, Marguerite de Treulon, de leurs six enfants, du départ pour l'Angleterre de l'un d'eux, Guadiffer, avec son oncle, Arnault Makanan. (*Arch. hist.*, t. XIII, p. 60 et suiv.)

du sénéchal et renvoya les parties devant ce juge, au 3 novembre suivant, pour qu'il fût fait droit au surplus ce que de raison (¹).

Si le régime nouveau portait coup à l'influence séculaire du clergé en Guyenne, il apportait aussi un élément nouveau de discussion entre ses membres. La Pragmatique-sanction de Bourges était devenue applicable à la Guyenne par le fait même de la conquête française. Le pape ne pouvait plus ni disposer des bénéfices sur le sol aquitain, ni créer des canonicats dans les cathédrales ou les églises collégiales, ni lever des taxes pécuniaires sur le clergé du royaume, etc. — De là des conflits, dont certains procès déférés aux *Grands-Jours* portent la trace.

Ainsi, l'un des membres les plus importants du clergé bordelais, le chanoine Guillaume Bec (²), ancien juge des appeaux sous les Anglais, et en ce moment encore official de l'archevêché de Bordeaux, s'était porté appelant d'une sentence du sénéchal de Guyenne qui avait reconnu au frère Hugues, abbé de Terrasson, ayant en commande le prieuré de Bardenac, un droit sur la cure de Camblanes, comme annexe de ce prieuré. — Devant la Cour des *Grands-Jours*, pour G. Bec, on soutenait que Giraud Bernard, ancien curé de Camblanes, ayant résigné cette cure, l'archevêque la lui avait conférée, mais que le frère Hugues s'était opposé à sa mise en possession, en excipant d'une monition émanée de l'exécuteur de certaines bulles, etc. — Pour l'intimé, on répondait que, comme prieur de Bardenac, il était curé de Camblanes, annexe audit prieuré ; que, pour le troubler dans sa jouissance, G. Bec s'était aidé de grâce expectative à l'encontre de la Pragmatique-sanction ; que le Procureur du Roi et

(¹) V. *Arch. hist.*, t. IX, p. 11, 12, 13, 122 et 199.
(²) V., sur ce personnage, *suprà*, IIe partie, § 1, p. 72, note 3.

l'intimé avaient obtenu alors des lettres de commission du sénéchal de Guyenne, et qu'on avait procédé à l'exécution sans égard aux bulles qui étaient contraires à la Pragmatique-sanction. — Après les débats qui s'étaient prolongés pendant plusieurs audiences, Guillaume Bec ayant requis compulsoire et délai pour établir que, d'après certain privilège ou usage il n'était loisible à aucun d'user de puissance de légat *à latere* en France, la Cour accorda à la fois le compulsoire et le délai demandés pour produire ce que les parties voudraient, et ce jusqu'au lendemain de la Saint-Martin d'hyver prochaine (¹).

La Cour rendit un arrêt analogue en renvoyant au sénéchal des Landes la décision définitive d'un procès entre Arnaud de Laroque, prêtre, et Arnaud de Bastère qui se disputaient la possession de l'église paroissiale de Saint-Pierre-d'Ortaville, du diocèse de Dax (²).

On vit bien que le pouvoir du clergé n'était plus le même en Guyenne quand se produisirent certains incidents qui vinrent jusqu'à l'audience de la Cour des *Grands-Jours.* Elle fut notamment appelée à se prononcer sur l'excommunication prononcée par l'évêque de Bazas contre l'une des plus grandes notoriétés de la Guyenne, le célèbre Bernard Angevin, qu'on a déjà vu sous les Anglais si souvent mêlé aux affaires de Guyenne, et qui, depuis lors, avait encore su maintenir son importance, en dépit de toutes ses trahisons. — Des quatre procès qu'il avait devant les *Grands-Jours,* celui par lequel il défendait à l'appel de l'évêque de Bazas n'était pas le moindre. Il résulta des débats que Angevin avait battu un prêtre qui avait osé lui dire qu'il ne pouvait prendre la dîme en la terre de Rauzan, parce qu'elle appartenait à l'évêque de

(¹) V. *Arch. hist.,* t. IX, p. 31, 42, 54, 58, 60, 102, 131, 155, 163.
(²) V. *Arch. hist.,* t. IX, p. 92, 105, 136, 225.

Bazas. Cité devant le prélat, il n'avait pas comparu, et en conséquence il avait été excommunié; mais le sénéchal, saisi de l'affaire par Angevin, avait enjoint à l'évêque de l'absoudre. — Sur l'appel de ce dernier, de grands développements avaient été donnés à l'affaire; on avait, devant la Cour, soutenu, pour l'évêque, que le crime reproché à Angevin étant ecclésiastique, il n'appartenait pas à la justice laye d'en connaître; qu'il y avait deux juridictions, l'ecclésiastique et la temporelle, qu'il ne fallait pas confondre; qu'en faisant citer Angevin, l'évêque avait régulièrement procédé, d'autant que le prêtre battu avait été trois mois malade; que, par suite, le sénéchal s'était à tort saisi de l'affaire, etc. — Pour Bernard Angevin, on avait répondu que le fait à lui reproché était antérieur à *l'abolition* de Bordeaux et qu'il pouvait en profiter parce qu'il demeurait en cette ville(1); que cependant, malgré les oppositions qu'il avait régulièrement faites alors, il avait été excommunié et l'était encore; que s'il avait pu faire quelque violence, c'était *vim repellendo;* qu'il devait donc être absous. — La Cour, statuant définitivement le 21 octobre, décida que l'évêque de Bazas absoudrait ou ferait absoudre « à cautele » ledit Angevin, jusques à un an; qu'il serait contraint de le faire par la prise de son temporel et par toutes autres voies dues et raisonnables; et ce, moyennant qu'Angevin baillât caution d'obéir et d'ester à droit (2).

---

(1) Il avait, en effet, trouvé moyen d'échapper seul à la proscription, et de rester à Bordeaux, quand tous ses complices dans le retour des Anglais en 1452 partaient pour l'exil. Sous Charles VII, comme avant, il resta seigneur de Rauzan et de bien d'autres terres qu'il devait à la faveur des rois d'Angleterre. Il n'eut pas à s'inquiéter de ce que, par la suite, Henri VI, pour le punir de son infidélité, s'avisa de le dépouiller de ses seigneuries en en disposant au profit d'autres favoris. (V. *Catalogue des rôles gascons*, t. I, p. 340.)

(2) V. *Arch. hist.*, t. IX, p. 80, 99 et suiv., 142, 206, etc.

Les conflits de juridiction avec le clergé sont encore ceux qui caractérisent le mieux la nouvelle situation faite à la Guyenne. Citons, notamment, ce qui se passa à l'occasion de deux notaires royaux Jean Melon et Michel Gordineau qui, gravement impliqués dans un grand procès de faux, avaient été arrêtés et mis dans les prisons du château de l'Ombrière; mais, comme ils étaient clercs l'un et l'autre, et à raison de cette qualité, l'archevêque de Bordeaux avait requis qu'ils lui fussent remis. — La Cour, tout en consentant à ce que Melon et Gordineau lui fussent rendus, fit défense à l'archevêque, à son official, à ses promoteurs et autres officiers de procéder à l'élargissement, condamnation, ou absolution de ces prisonniers, en ce qui touchait le délit « commun » à eux reproché, jusqu'à ce que la Cour en eût connu. — Par le même arrêt deux conseillers de la Cour étaient commis « à estre présens à faire le procès » desdits notaires « sur le délict commun ».

L'affaire était en effet des plus sérieuses. Elle se rattachait à un procès engagé, d'abord, devant le comte de Clermont, lieutenant du Roi en Guyenne, entre Jean de Palenque, seigneur de Reignac, et Jean de Laperche, dit de Verdun, seigneur de Bourg, au sujet de certains excès commis à l'encontre des habitants de la paroisse de Saint-Loubès qui avaient, au temps de la conquête, tenu pour les Anglais. Une enquête avait été ordonnée, et le tout avait été renvoyé au sénéchal de Guyenne qui devait procéder à l'instruction de l'affaire jusqu'à décision définitive. Ce magistrat ayant rejeté, après enquêtes et renseignements pris, la demande formée par J. de Palenque, celui-ci s'était porté appelant devant le Parlement de Paris, auquel toutes les pièces de la procédure, notamment les enquêtes respectives, avaient été aussitôt expédiées. — Mais, à l'arrivée des pièces à Paris, il avait été révélé un fait très grave : de l'enquête faite à la requête de J. de Palenque, plusieurs rouleaux avaient été enlevés et remplacés par de faux rouleaux qu'on avait liés avec les autres. Dans ces rouleaux frauduleux, les dépositions des témoins avaient été audacieusement falsifiées. De là un grand scandale, en présence duquel le Parlement de Paris avait ordonné une information qui, quelque temps après, était transmise aux *Grands-Jours* séant alors à Bordeaux. — Cette Cour statua le 30 septembre. Après avoir visé les aveux de J. de Palenque et des notaires Melon et Gordineau, elle déclara fausse et falsifiée la grosse de l'enquête faite à la requête de J. de Palenque; tint pour atteints et convaincus de ce faux J. de Palenque et les deux notaires; ordonna que cette grosse serait publiquement lacérée et cancellée; donna, au fond, gain de cause à J. de Laperche; condamna J. de Palenque aux dépens; et, en outre, condamna envers J. de Laperche : J. de Palenque, à 50 livres parisis; Melon, à 50 autres livres parisis, et Gordineau, à 30 livres parisis; condamna envers le Roi : Palenque et Melon, chacun à 100 livres parisis, et Gordineau, à 60 livres parisis; ordonna que les condamnés tiendraient prison jusqu'à pleine satisfaction des sommes susdites; déclara enfin les deux notaires privés de leurs offices royaux et inhabiles à jamais en obtenir.

Cette décision eut un épilogue relativement aux deux notaires. — Le procureur des religieux, abbé et couvent de Sainte-Croix de Bordeaux, étant venu à quelques jours de là requérir de la Cour que Jean Melon, pris en franchise et sauveté de l'église de ce couvent, fût remis en ladite franchise, la Cour, attendu que le Procureur du Roi prétendait le contraire, renvoya la cause au 3 novembre devant le sénéchal de Guyenne (23 octobre). — Le même jour, la Cour bailla à Gordineau la ville de Bordeaux pour prison, en ce qui touchait l'amende à laquelle il avait été condamné envers le Roi, et lui défendit, sous peine de bannissement, de s'éloigner de cette ville jusqu'à ce qu'il eût payé cette amende (¹).

J'arrête ici l'analyse des principaux procès jugés par les *Grands-Jours* de 1456. Si on y ajoute les affaires précédemment relatées et dont cette Cour eut à connaître, à savoir : l'appel d'Arnaud Michel contre les frères de Lalande, appel d'abord porté devant la *Cour supérieure* anglaise (Iʳᵉ partie); l'appel de l'archevêque contre les commissaires de 1454 (IIIᵉ partie); le procès du sénéchal de Coëtivy contre le sénéchal des Landes (IIIᵉ partie); le procès de l'abbé de Verteuil contre Garros (IIᵉ partie, p. 82), on peut se faire une idée de l'activité déployée, en six semaines, par les magistrats des *Grands-Jours*. Faut-il maintenant apprécier leur œuvre en soi? Ce serait peut-être difficile. Tout ce qu'on peut dire, c'est qu'ils y apportèrent la bonne volonté de servir le Roi et la justice. Ils se sont rendus à eux-mêmes témoignage de leurs sentiments dans l'un de leurs arrêts où on lit : « *Curia nostra dictorum Dierum mitius, ut semper consuevit, procedere volens...* »

(¹) V. *Arch. hist.*, t. IX, p. 123, 128, 131, 145, 181 et suiv.

2. — LES GRANDS-JOURS DE 1459

I. — **Aperçu historique.**

Trois années se sont presque écoulées sans changer les sentiments de Charles VII envers les Gascons. Il continue à leur tenir rigueur. Loin de vouloir leur rendre la Cour souveraine, il ne s'est pas même préoccupé de remplir la promesse qu'il avait faite d'envoyer des *Grands-Jours* tous les ans ou au moins tous les deux ans. Les années 1457 et 1458 se sont passées sans qu'on ait vu venir de Paris les magistrats qui devaient déjouer « la malice des plaideurs ». — Le roi de France ne peut pardonner aux Bordelais leur soulèvement de 1452. La défiance semble même augmenter avec les années. C'est sous l'influence de ce sentiment qu'il a décidé d'enfermer la ville suspecte entre des forts qui auront toujours raison de ses velléités de révolte. La construction de ces deux forts : le fort du Hâ et le Château-Trompette (1), a été aussitôt commencée dans le but avoué « de tenir en bride et sujétion les habitants » de Bordeaux.

Si l'on a espéré mettre ainsi la pauvre ville à l'abri de tout trouble matériel, on n'a pas réussi à calmer les esprits que des incidents irritants ne cessent de surexciter. Depuis l'arrivée du nouvel archevêque, Blaise de Gréelle, des conflits plus ou moins violents entre lui et les Chapitres de Saint-André et de Saint-Seurin se sont

---

(1) La construction de ce château amena, dès 1451, la démolition d'une partie des maisons de l'ancien quartier de *Tropeyte,* qui était situé au nord du cours du Chapeau-Rouge actuel. Plusieurs rues de ce quartier disparurent dès cette époque. Ce qu'il en restait fut définitivement détruit, deux siècles plus tard, en 1676, pour former l'esplanade du château agrandi par Vauban.

succédé sans relâche. L'archevêque, qui se croyait sûr
de l'appui du Roi, s'est adressé au Parlement de Paris,
pendant que les Chapitres en appelaient au Pape. C'est,
sous une forme spéciale, la lutte persistante des Gascons
contre le régime français. L'intervention du pape Pie II,
qui, par sa bulle du 26 février 1458/59, avait donné
raison aux Chapitres, déterminait alors, de la part du
roi de France, une attitude plus décidée. On faisait
hautement appel aux prescriptions de la *Pragmatique-
sanction* de l'assemblée de Bourges. Il était interdit aux
chanoines de faire usage de la bulle du Pape, sous peine
d'être ajournés devant le Parlement de Paris [1].

Ainsi se préparait l'arrivée en Guyenne des nouveaux
Grands-Jours qui lui étaient enfin accordés.

Le 31 juillet 1459, Charles VII signait, à Champigny,
les lettres-patentes par lesquelles il envoyait à Bordeaux
un président et dix conseillers, cinq clercs et cinq lais,
du Parlement de Paris, plus un avocat du Roi, un substitut du procureur général, un greffier et deux notaires
et secrétaires, lesquels devaient expédier les procès des
pays compris dans les limites ordonnées pour la *Cour
souveraine*. — Ces lettres d'institution ne chargent pas
seulement la nouvelle Cour de juger souverainement les
appels et autres causes tant civiles que criminelles dans
les limites déjà fixées pour les *Grands-Jours* de 1456,
elles lui mandent expressément « qu'ils corrigent et con-
» damnent, si metier est, usaiges, stiles et autres choses
» qu'ils verront estre deraisonnables et les reforment et
» mettent en bon ordre et forme de justice, ainsi qu'ils
» verront estre à faire pour le bien de justice et de nos
» pais et subjects [2]. »

(1) V. Ribadieu, *op. cit.*, p. 424 et suiv.
(2) V. *Arch. hist.*, t. IX, p. 255 et suiv.

Le 31 août suivant, par lettres-patentes adressées à chacun d'eux, étaient appelés à composer la Cour des *Grands-Jours :* le président Hélie de Tourettes ; les conseillers clercs Jean Sécretain, Pierre de La Treille, Pierre Richard, Jean Le Boulanger et Guillaume Compaing ; — les conseillers lais Guillaume de Vic, Jean Le Damoisel, Guillaume de Vitry, Raoul Pichon et Guillaume Blanchet ; — en outre, le greffier Gilbert Brunat, et trois huissiers, Laurent Rale, Guillaume Ayrault et Jean Furet (¹).

De plus, quant à l'organisation de la chancellerie de la Cour, c'était au président de Tourettes qu'étaient confiés le scel et contre-scel ordonnés pour cette Cour.

Ces personnages étaient à peine arrivés à Bordeaux, que déjà Charles VII les avait chargés de nouvelles missions qui venaient en surcroît de la grosse besogne qu'ils avaient à faire.

Par lettres-patentes du 7 septembre, le Roi mandait à la Cour des *Grands-Jours* qu'il avait naguère, à l'occasion des débats élevés sur la prise de navires de marchands anglais et de leurs marchandises, envoyé à Bordeaux, pour vider ce différend, les maîtres des requêtes Girard Le Boursier, Jean Tudert, Guillaume de Ricarville ; le chevalier Guy de La Roche, sénéchal d'Angoumois ; M{es} Jean Le Boulanger et Laurent Patarin ; enfin Hugues de Couzay, Georges de Vouher et Pierre Galopin ; mais que, grâce à des incidents de procédure de toutes sortes et aux récusations alléguées contre certains commissaires, le procès, qui cependant requérait célérité, était « en voie de demourer immortel... » ; que, par suite, il avait résolu de renvoyer l'affaire à la Cour des *Grands-Jours,* appelés avec elle les Commissaires susdits qui se trouveront alors à Bordeaux, sans avoir égard aux récu-

(¹) V. *Arch. hist.,* p. 261 et suiv.

sations déjà produites. En conséquence, plein pouvoir était donné à la Cour ainsi assistée de terminer le dit procès définitivement comme en Cour de Parlement (¹).

Le 19 septembre, par lettres-patentes distinctes, Charles VII faisait à la Cour des *Grands-Jours* deux nouvelles attributions (²).

Par les unes, le Roi, informé que de nombreux appels intéressant la justice et la police de la ville de Bordeaux n'avaient pas été mis au rôle des *Grands-Jours,* mandait à la Cour de statuer sans délai sur toutes les causes d'appel dont le Procureur Général requerrait l'expédition.

Par les autres, dont l'intérêt était encore plus vif, Charles VII mandait à la Cour qu'il avait été averti que des nobles et autres sujets du pays bordelais et du duché de Guyenne, se prévalant de l'édit de Compiègne, s'étaient, depuis la dernière réduction, emparés de biens et héritages en dépouillant ceux qui les détenaient avant eux et dont plusieurs étaient même possesseurs au temps de la première réduction. — En conséquence, le Roi mandait à la Cour de faire bonne et brève justice à la réquisition de tous ceux qui seront trouvés avoir été ainsi dépouillés de leurs héritages sans autorité de justice.

Quand ces dernières lettres parvinrent à la Cour, elle avait déjà inauguré sa session, dans la forme habituelle des audiences de rentrée du Parlement de Paris.

Le dimanche 16 septembre 1459, avait eu lieu en effet cette cérémonie.

Après avoir entendu la messe de la Sainte-Vierge, *alta voce,* dans la chapelle du château de l'Ombrière où elle devait siéger, la Cour s'était rendue en la chambre du Conseil. Il n'y avait encore avec le président de Tou-

(¹) V. *Arch. hist.,* t. IX, p. 259 et suiv.
(²) V. *Arch. hist.,* t. IX, p. 261 et 265.

rettes que huit conseillers : J. Sécretain, P. de La Treille, P. Richart, G. Compaing, J. Le Damoisel, G. de Vic, G. de Vitry et G. Blanchet.

Ces magistrats étaient passés ensuite dans la salle d'audience, où se trouvaient déjà le maître des requêtes, Girard Le Boursier, et le conseiller Jean Le Boulanger, qui avaient aussitôt pris séance auprès des membres de la Cour.

Lecture avait été alors donnée des lettres d'institution de la Cour et des ordonnances relatives aux avocats et aux procureurs qui avaient, aussitôt après, juré de les observer.

Lecture avait été encore donnée des lettres-patentes qui avaient attribué à la Cour le jugement définitif de l'affaire des marchands anglais.

L'audience avait alors été levée.

A des audiences suivantes (17 et 18 septembre) avaient été reçus les serments de Jean Furet, huissier au Parlement; puis, de Guillaume Ayrault et de Laurent Rale, qui n'étaient reçus en l'office d'huissier des *Grands-Jours* ordonnés à Bordeaux, que sans préjudice des huissiers du Parlement.

A quelque temps de là, la Cour s'était complétée par l'arrivée à Bordeaux du conseiller Raoul Pichon.

Elle s'était déjà mise à l'œuvre en suivant, du reste, la pratique et les usages du Parlement de Paris. Dès le 18 septembre, elle a commencé à s'occuper des affaires qui lui étaient soumises, et, avant toutes, des procès relatifs aux marchands anglais.

Rien dans les *Grands-Jours* de 1456 n'avait révélé que la Cour eût eu à se plaindre de l'attitude de la population à son égard. La situation était cependant bien tendue à cette époque. L'était-elle davantage en 1459? Un incident relevé par les registres de la Cour pourrait le faire croire.

Il résulte en effet d'une information rapportée à la Cour, que certain jour du mois d'octobre, maître Jean, serviteur du président de Tourettes, s'étant rendu au marché au poisson pour y faire quelques emplettes, avait été injurié et battu notamment par un certain Sébastien Guibert qui avait, en outre, proféré des paroles injurieuses à l'adresse de la Cour. Celle-ci s'en était émue. Le 12 octobre, elle ordonnait que Guibert fût conduit dans les prisons du château de l'Ombrière. Elle chargeait Pierre Bragier, lieutenant du sénéchal de Guyenne, et l'huissier Furet de le constituer prisonnier « pour ester à droit ». Elle commettait enfin les conseillers J. Le Damoisel et G. de Vic pour procéder à une plus ample information sur les excès, coups et paroles injurieuses imputées au prisonnier (1).

La suite de cette affaire ne se trouve pas dans les registres de la Cour. On peut en induire qu'elle fut sans importance, ou que la Cour ne voulut pas lui en donner plus qu'il ne convenait. La session s'acheva, du reste, sans nouvel incident.

Le 31 octobre, la Cour tenait sa dernière audience; mais, comme il était arrivé en 1456, divers arrêts furent prononcés plus tard, le 3 novembre seulement.

Elle avait jugé près d'une centaine d'affaires, quelques unes d'une grande importance et qui avaient occupé plusieurs audiences. Elle ne s'en était pas moins préoccupée de remplir la mission plus particulièrement réglementaire et administrative qui lui avait été donnée. — En un mot, la session avait été très laborieuse.

Il s'agit maintenant d'examiner, d'abord, son organisation et ses attributions tant judiciaires que réglementaires.

(1) V. *Arch. hist.*, t. IX, p. 381.

II. — Organisation intérieure; compétence; attributions.

On a déjà vu que, comme en 1456, la Cour avait été composée de onze magistrats dont on connaît les noms.

Trois seulement, le président de Tourettes et les conseillers de La Treille et de Vic, qui avaient participé aux *Grands-Jours* de 1456, ainsi que le greffier Gilbert Brunat, avaient figuré encore en 1459.

Les officiers du ministère public avaient été également changés. Michel de Champront avait rempli les fonctions d'avocat général, au lieu d'André Cousinot, et Louis Luillier, celles de substitut du procureur général, au lieu de Pierre Sohier.

Comme en 1456, des avocats, en petit nombre, s'étaient présentés à la barre de la Cour. On y retrouve avec des noms anciens quelques noms nouveaux :

> JEAN BERMONDET ([1]),
>
> ..... FAUGAREL,
>
> FRANÇOIS DUVOLIER,
>
> PIERRE RAPHAEL,
>
> MICHEL DE CHAMPRONT ([2]),
>
> JEAN SURREAU OU SURREL ([3]),
>
> AMÉDÉE BOURNET,
>
> BRAGIER ([4]),
>
> NICOLAS DE CASTROLAURO.

[1] Il était alors subdélégué du sénéchal de Guyenne. Il devint plus tard substitut du procureur général au Parlement, puis avocat général (1462). — V. la notice de ce magistrat, par M. Communay, p. 211.

[2] Il était autorisé par l'usage à plaider, bien qu'il remplît alors les fonctions d'avocat général.

[3] Il cumulait avec un rôle actif à la barre la double fonction de lieutenant du juge de Gascogne et de subdélégué du sénéchal de Guyenne.

[4] Il n'apparaît que dans une affaire; mais rien ne dit si c'était Jean Bragier, receveur de Bordeaux, dont on a vu les tristes aventures entre

D'après les registres de la Cour, les procureurs, tant anciens que nouveaux, ayant instrumenté devant elle, sont :

Mathurin de Fontaines,
Antoine Bouneau,
Pierre Cautel,
Michel Soly,
Pierre Despos,
Antoine Dupuy,
Robert Guidon,
Pierre Palu,
Raymond Dampurarnault ([1]).

Comme pour 1456, on trouve, à la fin des registres de 1459, les épices taxées dans les affaires jugées et les quittances données par les rapporteurs. C'est encore, à peu près, la même moyenne des épices taxées dans chaque affaire, sauf pour les affaires des navires anglais où la taxe s'élève, pour chacune, à 20 écus : *soluta per Anglicos* ([2]).

Les lettres d'institution avaient déterminé expressément à la fois la compétence d'attribution et la compétence territoriale de la Cour. Elle lui avait donné compétence en dernier ressort pour tous procès civils et criminels, à l'exception des actions réelles et pétitoires dont l'intérêt dépassait 100 liv. en revenu ou 2,000 liv. en capital. — Quant à sa compétence territoriale, elle devait s'étendre à tous les pays compris dans l'ancien ressort de la *Cour souveraine*. — On sait tout ce que cette formule avait d'équivoque.

les deux capitulations, ou Pierre Bragier, l'important personnage, qui était encore alors lieutenant du sénéchal de Guyenne.

([1]) Ce nom n'apparaît qu'une fois.
([2]) V. *Arch. hist.*, t. IX, p. 515 et suiv.

Comme les cours souveraines, la Cour des *Grands-Jours* eut à ordonnancer diverses dépenses faites pour son service particulier.

C'est ainsi que, le 12 octobre, elle ordonnançait, sur les menus frais, une somme de 100 sols tournois à payer aux Chapitres et Chapelains de Saint-André qui avaient célébré pour la Cour, dans cette cathédrale, une messe solennelle de Saint-Denis, le jour de la fête de ce saint [1].

Le 27 octobre, à la veille de quitter Bordeaux, la Cour avait taxé et ordonnancé au profit de son greffier, Gilbert Brunat, une amende de 60 liv. parisis, à prendre sur les amendes et exploits afférents à son service, et ce, pour les frais et dépens qu'il avait avancés afin de faire apporter à Bordeaux les procès, informations et autres exploits du Parlement de Paris où ils se trouvaient, et aussi pour les frais qu'il aurait à faire pour rapporter de Bordeaux à Paris les procès restant à juger et autres pièces [2].

Il s'agit maintenant d'examiner l'œuvre de la Cour, en s'occupant, d'abord, de ses attributions réglementaires dont la grande importance appelle plus particulièrement l'attention.

III. — Ordonnance réglementaire.

La Cour des *Grands-Jours* avait compris très largement la mission spéciale que ses lettres d'institution lui avaient donnée quant à certaines réformes à introduire en Guyenne. L'expérience personnelle qu'elle avait pu faire par elle-même des personnes et choses dans la ville de Bordeaux, n'avait pu que la confirmer dans la pensée

[1-2] V. *Arch., hist.*, t. IX, p. 393 et 381.

qu'il s'en fallait beaucoup encore qu'on eût réussi à plier la nouvelle conquête de Charles VII au régime français. Les Commissaires royaux de 1454 s'étaient déjà employés activement à cette difficile besogne. Les *Grands-Jours* de 1459 n'allaient pas moins faire qu'eux, tout en expédiant les nombreux procès qu'ils ont définitivement terminés.

Le 3 novembre 1559, au moment de quitter Bordeaux, les magistrats parisiens arrêtaient, sous forme d'ordonnance réglementaire, une série de mesures relatives :

1º A la police proprement dite de la ville de Bordeaux ;

2º Au commerce et au séjour des Anglais ;

3º Aux juridictions respectives du Maire de Bordeaux, du Sénéchal de Guyenne et du Juge de Gascogne ;

4º Enfin aux usages et styles des diverses juridictions de la ville.

Cette ordonnance avait été précédée, quelques semaines avant, d'une requête que le Procureur de la ville de Bordeaux avait présentée à la Cour contre le lieutenant du Sénéchal de Guyenne et contre celui du Juge de Gascogne, à l'occasion de leurs juridictions respectives.

La requête rappelait que les maire et jurats de Bordeaux avaient exercé de tout temps, ainsi qu'il avait été toujours reconnu par les rois de France et les ducs de Guyenne, le droit de juridiction sur les bourgeois, manants et habitants de la dite ville, et même les forains quant aux délits par eux commis contre les bourgeois, trois cas seulement exceptés, savoir : les crimes de lèse-majesté, de falsification de monnaie et de contrefaçon des sceaux royaux. — Cependant, au mépris de ce droit de juridiction, le Sénéchal de Guyenne ou son lieutenant avait élevé la prétention de connaître de toutes actions civiles et criminelles dirigées contre les praticiens, procureurs, avocats et sergents de la sénéchaussée, bien qu'ils fussent bourgeois et habitants de la cité ou qu'ils eussent délinqué contre les bourgeois. — La requête concluait, sur ce point, à ce qu'il fût fait par la Cour une déclaration décisive.

Elle continuait en rappelant que le Roi avait accordé que l'on usât à Bordeaux, dans les Cours et juridictions diverses de cette cité, des coutumes, styles et communes observances introduites depuis longtemps pour l'instruction des procès. — Cependant, depuis que la Ville était en l'obéissance du Roi, on avait introduit dans la Cour du Sénéchal des styles nouveaux, spécialement en matière possessoire : le cas des *arrestum querelle,* et le cas de complainte ([1]), voulant qu'on en usât dans la présente cité, bien que, de toute ancienneté, il n'y eût ni *arrestum querelle,* ni complainte; bien plus, d'après la requête, les praticiens qui avaient apporté ces actions de leur pays, ne savaient guère ce que c'était, et encore à ce moment, bien peu d'entre eux le savaient parfaitement. La requête concluait, encore sur ce point, à ce qu'il fût fait défense au Sénéchal et à son lieutenant d'user dans Bordeaux desdits *arrestum querelle,* ni de la complainte, ni d'autres styles nouveaux.

La requête se terminait en relevant qu'au mépris du droit de juridiction, en première instance, des maire et jurats de Bordeaux, sur les bourgeois, manants et habitants de cette cité, le Juge de Gascogne, qui n'était que

([1]) Il s'agit là d'actions possessoires qui, si elles étaient alors inconnues en Guyenne, étaient fort anciennes dans le vieux droit français. Ainsi, la *complainte en cas de saisine et nouvelleté* était l'action intentée pour cause de trouble nouveau à la possession. — Quant à l'*arrestum querelle de novis dessaisinis,* c'était une demande formée afin d'être réintégré dans la possession dont on avait été récemment spolié par force ou violence. (V. le *Grand coutumier,* liv. II, tit. *Des cas de saisine et de nouvelleté.*)

juge d'appel, admettait journellement des bourgeois à faire devant lui des cessions de biens; qu'il constituait des tutelles et curatelles, octroyait des contraintes et des exécutoires, etc., etc. — La requête concluait enfin, sur ce point, à ce qu'il fût fait défense au Juge de Gascogne de continuer les entreprises relevées contre lui.

La Cour avait, à la date du 10 octobre, rendu une ordonnance de soit communiqué aux parties intéressées avec ajournement pour le lendemain, dans la chambre de l'échiquier du palais de l'Ombrière, où elles devaient être entendues, à huis clos, dans leurs explications.

Cette ordonnance avait été le jour même exécutée par l'huissier Furet, qui avait signifié ladite requête au Procureur du Roi qui en avait pris copie.

Au jour fixé, les intéressés présents ayant requis qu'il plût à la Cour, avant de partir, mettre ordre et provision qu'elle aviserait pour terminer leurs compétitions réciproques, la Cour avait arrêté l'ordonnance réglementaire qu'il s'agit maintenant d'analyser.

1. *Juridictions respectives des Maire et jurats, du Sénéchal et du Juge de Gascogne.* — La juridiction traditionnelle des Maire et jurats sur les bourgeois de la ville, tant au civil qu'au criminel, est expressément reconnue et maintenue, les cas exceptés des crimes de lèse-majesté, de fausse monnaie et de contrefaçon du scel royal, et, en outre, les cas privilégiés, tels que ports d'armes, infraction de sauvegarde ou de sûreté donnée en Cour. — De plus, le bourgeois de Bordeaux qui se soumettra, sous scel royal, à la juridiction royale, pourra être cité devant cette juridiction. — Les étrangers ne pourront être cités devant les maire et jurats à moins qu'ils n'y consentent. Cependant les crimes commis par les étrangers

envers les bourgeois seront jugés par les maire et jurats. Quant aux avocats, procureurs, praticiens et sergents de la Cour du sénéchal, s'ils sont bourgeois de Bordeaux, ils seront, comme les autres bourgeois, justiciables des maire et jurats, excepté en deux cas : celui de faits accomplis pendant leur office, et celui d'abus faits judiciairement en la Cour du sénéchal.

En ce qui touche les complaintes en cas de saisine et de nouvelleté, ainsi que les statuts de querelle *de novis dessaisinis*, la Cour déclare que le Sénéchal pourra les octroyer à ceux qui les requerront, ainsi qu'il est accoutumé de faire.

En ce qui touche les styles particuliers de la Cour du sénéchal, dont les maire et jurats se plaignaient, la Cour ordonne que le Sénéchal réformera les styles dont il use, après délibération du conseil de sa Cour, de manière que les maire et jurats n'aient cause raisonnable de se plaindre.

Quant aux plaintes portées contre le Juge de Gascogne, la Cour ordonne que ce juge ne délivrera dorénavant ni répit d'un an, ni quinquennelle, laissant ce soin à la Chancellerie du roi, comme il appartient. — Il ne devra plus recevoir les bourgeois de Bordeaux à faire cession de biens, si ce n'est en cas d'appel et incidemment à l'instance d'appel. — Il lui est également interdit de constituer des tutelles et curatelles, si ce n'est incidemment à une cause pendante devant lui. — Il ne pourra plus donner de contraintes *ne debitis*, en forme commune, si ce n'est pour les obligations expressément soumises à sa Cour ou à l'occasion de sentences rendues par elle.

Mais la Cour déclare que ce Juge pourra dorénavant donner attaches et exécutoires à lettres de répit, de sauvegarde et autres lettres royales s'adressant à tous officiers en termes généraux. Le Sénéchal aura le même pouvoir. — Cependant pour les attaches et exécutoires des réquisitoires de l'official de Bordeaux, ce sera au Sénéchal et non au Juge de Gascogne qu'il appartiendra de les donner.

Le Juge de Gascogne ne pourra connaître, en première instance des actions, tant civiles que criminelles, entre les bourgeois de la ville.

Le sénéchal ne devra faire aucune opposition à l'exécution des lettres et exécutoires régulièrement donnés par le Juge de Gascogne, comme il est dit ci-dessus. — « *Item*, et si ledit Juge de Gascogne donnoit et octroioit » lettres contre la forme et quantité dessus declairé, » ledit Sénéchal ou son lieutenant pourra défendre ausdiz » sergens de non exécuter (1). »

Informée de ce qu'il y aurait choses mal ordonnées en la sénéchaussée de Guyenne relativement aux *notaires*, la Cour ordonne que le Sénéchal se fera informer des abus commis par plusieurs notaires, notamment dans les villages autour de Bordeaux. — Rappelant d'anciennes injonctions faites aux notaires de ladite sénéchaussée, la Cour leur interdit de délivrer aux parties contractantes les lettres qu'ils auront passées sous le scel du roi, avant qu'elles n'aient été scellées du scel, afin que, s'il y a

---

(1) Si les attributions respectives du Sénéchal de Guyenne et du Juge de Gascogne sont encore difficiles à préciser, il est désormais bien certain qu'elles étaient parfaitement distinctes, quoique en aient pu penser d'anciennes autorités. Cette distinction, qui existait déjà très nettement du temps des Anglais (v. Ire partie), et qui a été de plus fort accusée dans les ordonnances des Commissaires de 1454 (v. IIIe partie), reçoit une consécration nouvelle dans le règlement fait par les *Grands-Jours* de 1459, ainsi qu'on le voit notamment par le texte littéralement transcrit ci-dessus. Cet article révèle même une sorte de suprématie accordée au Sénéchal de Guyenne, puisqu'il lui donne un droit de contrôle sur certains actes du Juge de Gascogne. N'est-ce pas comme une réminiscence du temps passé où ce Juge était dit lieutenant du Sénéchal?

faute, le garde des sceaux les puisse avertir et faire corriger, et ce, sous peine de privation de leurs offices et d'amende arbitraire.

2. *Styles et usages en diverses juridictions.* — On a déjà vu que la Cour avait fait droit aux plaintes des maire et jurats quant à certains styles nouveaux introduits en la Cour de la sénéchaussée de Guyenne; mais elle n'en tenait pas moins à faire disparaître certains styles en usage en la Cour de Gascogne et en celle du Maire, et qui, tout anciens qu'ils fussent, ne lui en paraissaient pas moins « desraisonnables », contraires à la justice et au bien du peuple « qui y a à besoigner chacun jour ». — En conséquence, elle ordonne que le Juge de Gascogne, ainsi que les Maire et jurats, chacun en droit soi, réformeront les styles et usances de leur Cour, et aussi la police de la ville, d'après l'avis des sages et praticiens desdites cours, et ce, sous les peines et avertissements qui leur seront donnés par écrit par le Procureur du Roi en Guyenne auquel la Cour enjoint d'y vaquer diligemment. — En cas de négligence à cet égard, elle se réserve d'y mettre la main, sans plus attendre, et de punir les négligences.

3. *Police de la ville de Bordeaux.* — La Cour s'occupe d'abord du marché au poisson ([1]). Il semble que la mésaventure du serviteur du président de Tourettes (V. *suprà*, p. 161) hantait encore les esprits des magistrats parisiens, lorsqu'on les voit s'élever avec une certaine insistance contre « les grands abus et violences qui se font bien

---

([1]) Il est probable que ce marché se tenait déjà sur la place dite du *Vieux-Marché*, mais qu'on n'y avait pas encore organisé la *clye*, emplacement entouré de barrières où se tenait le crieur public. (V. Drouyn, *Bordeaux vers 1450*, p. 435.)

» souvent aux jours maigres, et que l'on veult poisson
» (car chacun s'efforce de prendre à voulenté, et sans
» aucun ordre ne police) ». — Pour faire cesser cet état
de choses, la Cour ne trouve rien de mieux que d'enjoindre aux Maire et jurats de faire construire, au lieu qu'ils
aviseront, une maison convenable, destinée à la vente du
poisson, et ce avant le 1ᵉʳ mars suivant, sous peine
d'amende arbitraire. — La Cour entend que, dans cette
maison, soit désormais vendu tout le poisson frais, sans
que les poissonniers ou autres puissent le vendre ailleurs
dans la ville (¹), sous peine de confiscation et d'amende
arbitraire. — En attendant l'édification du marché, où
la Cour espère que « s'escheveront toutes violances et
» prinses de poisson », elle ordonne que deux ou trois
hommes commis à cet effet par les Maire et jurats,
feront, chaque jour, la vente et la distribution du poisson
en présence des poissonniers. Elle défend à tous, sous
peine d'amende arbitraire, de faire violence aux commis
et aux poissonniers, et de prendre le poisson par force ;
elle enjoint enfin aux Maire et jurats d'informer incontinent contre les délinquans.

Les portiers et gardiens des portes de la ville se
livraient, paraît-il, à certaines exactions que la Cour
entend réprimer. Elle leur interdit, en conséquence, de
prendre, sous couleur de *droit de portaiye,* contre le gré
et volonté des « bonnes gens des villaiges », des

(¹) D'après les anciens statuts de Bordeaux, les Poissonniers étaient
des officiers publics, au nombre de six, qui faisaient vendre à la *clye* le
poisson qui y était apporté. Ils devaient s'assurer que les bourgeois
étaient régulièrement pourvus, chacun selon son rang et qualité.
MM. du Parlement étaient servis des premiers. — Il y avait, en outre,
les Taxeurs de poisson qui taxaient le poisson ou faisaient observer la
taxe faite par les jurats. Ils devaient sauvegarder les droits des maire
et jurats, lesquels prenaient de chaque saumon une darne, de chaque
créac un tail.

volailles, fromages, œufs et autres victuailles apportées en ville. — Dans le cas cependant où les portiers auraient quelques droits à cet égard, la Cour enjoint aux Maire et jurats d'en informer et d'ordonner, par bon conseil, ce qu'il appartiendra ; jusque-là, défense est faite aux portiers de rien prendre sous peine d'être punis.

Défense était également faite aux portiers et gardiens des portes de la rivière de rien prendre des bûches de bois de chauffage introduites en ville, si ce n'est durant l'hiver, de la Saint-Michel à Pâques. Pendant ce temps, ils pourront, pour se chauffer, prendre d'un bateau de plus dix tonneaux, trois ou quatre bûches moyennes et marchandes, et plus ou moins suivant le tonnage du bateau. En cas de contractention, information sera faite. La Cour entend, du reste, que toutes les mesures par elle prises aient force et vertu jusqu'à ce que le Roi en ait autrement ordonné.

4. *Le séjour des Anglais* en Guyenne était encore alors une des vives préoccupations des conseillers de Charles VII. La Cour des *Grands-Jours* ne paraît pas moins inquiète de ce qu'on tolérât que les Anglais vinssent à Bordeaux « sans guide ni garde, et de nuyt, sans lumière », et qu'ils allassent par les pays de Médoc et d'Entre-deux-Mers, acheter des vins « d'ostel en ostel », communiquant avec les habitants en secret, et se renseignant sur « la conduite des gens de guerre »... « qui est chose trop dangereuse », disent les magistrats parisiens. Ils estiment, en conséquence, qu'il est nécessaire de remédier à cet état de choses, d'autant « qu'au- » cunes fois ès flots sont venus si grand nombre d'Anglois » et encore pourroient venir ». Ils pensent donc que, si on n'y prenait garde, il pourrait s'ensuivre un dommage

irréparable. — La Cour, en conséquence, enjoint aux Maire et jurats de mettre à cet égard bon ordre dans la ville de Bordeaux, et, pour l'extérieur, la banlieue et le pays de Guyenne, de s'adresser à ceux qui avaient puissance de l'y mettre [1].

La Cour clôturait ainsi la mission spéciale de réforme qui lui avait été donnée.

Il s'agit maintenant d'examiner comment elle avait rempli la mission judiciaire qui était le premier de ses devoirs.

IV. — **Affaires jugées** [2].

Sur la centaine d'affaires jugées par la Cour, plusieurs reçurent une solution définitive, mais beaucoup furent interloquées ou renvoyées au Parlement de Paris.

On a vu (*suprà*, p. 158) que Charles VII avait expressément chargé la Cour de terminer divers procès de prise maritime qui, soumis d'abord à des commissaires spéciaux, menaçaient de s'éterniser.

[1] Cet appel pressant, fait en 1459, à des mesures préventives contre les Anglais, prouve qu'on avait peu tenu compte des prescriptions sévères arrêtées depuis 1453, d'après de Lurbe, en 1454, dit Gaufreteau (t. I, p. 22). Il est, dans tous les cas, certain que, peu après la seconde réduction, par ordre du Roi, il avait été fait par les maire et jurats de Bordeaux des règlements en vertu desquels les Anglais venant à Bordeaux pour fait de commerce, devaient arrêter leurs navires à Soulac jusqu'à ce qu'un sauf-conduit leur eût été délivré; ils devaient laisser leurs artillerie et munitions à Blaye; ils ne pouvaient loger à Bordeaux qu'au logis désigné par le fourrier de la ville; ils ne pouvaient circuler dans celle-ci que de sept heures du matin à cinq heures du soir; ils devaient, quand ils allaient en Graves ou ailleurs acheter des vins, être conduits par les archers de la ville. — Il est probable que, dès 1459, on s'était déjà relâché de ces prescriptions qui, du reste, furent abrogées pour la plupart, en 1475, par une déclaration de Louis XI.

[2] Dans les Ire et IIe parties, se trouvent déjà relatées plusieurs affaires venues en 1459 et qui avaient commencé soit devant la *Cour supérieure*, soit devant la *Cour souveraine*.

La Cour, dès l'ouverture de sa session, s'empressa de régulariser l'instruction de ces procès que, d'après les lettres-patentes, elle devait juger avec le concours des Commissaires précédemment nommés.

Ces procès, au nombre de trois, concernaient plusieurs navires anglais qui avaient été saisis en Gironde ou sur la Garonne, vers le commencement de 1459 ([1]).

Le premier de ces procès était relatif à la saisie d'un navire anglais, *l'Antoine de Hull*, qui se dirigeait sur Bordeaux avec une cargaison de draps à échanger contre du vin. Arrêté devant Castillon-sur-Gironde par les gens du Sénéchal, malgré le sauf-conduit dont il était muni, il était dirigé sur Blaye, et les marins et marchands qui le montaient étaient aussitôt enfermés dans le château. — La saisie était fondée sur ce que le tonnage du navire aurait été supérieur à celui porté sur le sauf-conduit.

Le deuxième procès, relatif au navire anglais *la Marguerite d'Orwell*, présentait à juger la même question. Il avait été arrêté, dans le port même de Bordeaux, par ordre du Procureur du Roi, parce que son sauf-conduit paraissait destiné à un navire de moindre tonnage. — L'affaire se compliquait d'une tentative de fuite de la part des marins, auxquels, en outre, des crimes étaient imputés.

Le troisième procès concernait trois navires : *la Gost de Londres, le Wary de Sandwich* et *l'Anne d'Anthoune*. Ces navires retournaient de Bordeaux en Angleterre, lorsque, arrivés par le travers de Saint-Estèphe, un conflit sanglant s'était élevé entre les équipages de la *Gost* et du *Wary*, et des hommes d'armes du Sénéchal montés sur un autre bâtiment. Les causes de ce conflit étaient

---

([1]) Ces affaires sont très bien résumées dans l'*Introduction* du t. IX des *Arch. hist.*, p. xv, xxii et suiv.

fort incertaines et restèrent telles même après de longs
débats.

Dès le 18 septembre, la Cour réunie au Conseil dans
la chambre de l'Échiquier, au château de l'Ombrière,
s'empressait, pour juger ces procès, de se constituer,
avec l'adjonction des membres de l'ancienne Commission.

Aux membres de la Cour se sont donc adjoints M^{es} J.
Tudert, G. Le Boursier, J. Le Boulanger (1), G. de Ricarville, G. de La Roche, Georges de Vouhet, L. Patarin,
et P. Galopin, tous membres de l'ancienne Commission,
alors à Bordeaux.

A peine constitués, magistrats et commissaires, ils
avaient à délibérer sur un incident relatif à un personnage que nous avons déjà vu auprès des Commissaires
de 1454, Me Joachim Luart, notaire et secrétaire du Roi.
Il paraît qu'il avait été nommé avec les autres membres
de la Commission des prises, mais son nom ne se trouvant pas dans les lettres-patentes adressées à la Cour des
Grands-Jours, on avait hésité à l'admettre au jugement
des procès dont il s'agit. — Cependant, après délibération, la Cour, constituée comme il est dit ci-dessus,
admettait Me Luart au jugement de ces procès comme
l'un des anciens Commissaires étant à Bordeaux (2).

Le 22 septembre, nouvel incident. Il s'agit d'apprécier
le rapport fait par douze arrimeurs, sur la jauge de la
nef *l'Antoine de Hull*, et les informations faites à cet
égard. Après avoir entendu les explications de Me Jean
Bureau, trésorier de France, et les dépositions de quelques-uns des jaugeurs, et après s'être fait apporter de

---

(1) Il était, en outre, conseiller au Parlement de Paris et à la Cour
des Grands-Jours de 1459. — Il devint, en 1461, quart président au
Parlement de Paris.

(2) V. *Arch. hist.*, t. IX, p. 373 et 375.

l'Hôtel-de-Ville et avoir examiné tant les mesures de pipe de cet hôtel que celles de certains jaugeurs et tonneliers-jurés de la Ville, la Cour décide qu'il ne sera pour le présent fait aucun autre jaugeage de ladite nef (¹).

Les incidents se multiplient. — Le 25, la Cour ordonne que Mᵉˢ Jean Le Damoisel et G. de Ricarville, messire Guy de Laroche, Mᵉˢ J. Le Boulanger, G. de Vouhet et P. Galopin, iront dans la tour de Wathefil (²), à Bordeaux, visiter un canon ou serpentine qu'on prétendait faire partie de l'artillerie de la nef *l'Antoine de Hull*, à l'effet de savoir si c'était ou non l'artillerie appropriée à la défense de ladite nef, pour sur leur rapport être statué ce qu'il appartiendra (³).

Le 28, c'est le Sénéchal lui-même qui demande qu'une certaine charte-partie en anglais trouvée sur le même navire et remise à la Cour, traduite en français, soit montrée à notables gens de la ville pour en vérifier le contenu. — La Cour, après délibération, et attendu que, *ex officio*, elle a elle-même soumis la pièce à quatre personnes sachant le français et l'anglais, lesquelles ont trouvé la traduction véritable, dit et déclare que, sans plus ample instruction, l'arrêt sera prononcé le jour même (⁴).

Si ce procès et celui de la *Marguerite d'Orvell*, étaient dès lors en état d'être jugés, il s'en fallait encore que le troisième procès fût en même état d'instruction.

Le 17 octobre, la Cour, constituée comme il a été dit, est obligée de défendre à messire Guy de La Roche, sénéchal d'Angoulême, l'un des commissaires, de quitter

(¹) V. *Arch. hist.*, t. IX, p. 373 et 375.

(²) La tour de *Wataffell, Batefils...*, se trouvait entre la porte du *Caillou* et la porte *Saint-Pierre*, à l'extrémité septentrionale de la rue du Chai-des-Farines actuelle. (V. Drouyn, *Bordeaux vers 1450*, p. 109 et suiv.)

(³-⁴) V. *Arch. hist.*, t. IX, p. 376, 383, etc., etc.

la ville de Bordeaux avant le jugement des procès des
Anglais (¹).

Le même jour, elle est dans la nécessité de commander
à l'un de ses membres, Mᵉ Girard Le Boursier qui, avec
Mᵉ J. Luart, avait procédé aux enquêtes pour les nefs
le Gost, le Wary et *l'Anne d'Anthoune,* mais qui ne les
avait ni signées ni collationnées, malgré les insistances
faites auprès de lui, d'avoir à les signer et collationner
avant l'expiration de la huitaine, étant sursis jusque-là
au jugement du procès. La Cour, prévoyant même un
refus, ordonne que ces enquêtes seront collationnées par
Mᵉ Luart et le greffier, en présence de l'un des conseillers,
et ensuite signées par eux.

Mᵉ G. Le Boursier, mandé sur-le-champ devant la
Cour, déclare qu'il est disposé à besoigner à ladite collation, chaque jour de quatre heures du matin à quatre
heures après dîner, excepté le dimanche auquel n'estoit
pas son intention de besoigner. — Satisfaite sans doute
de ces explications, la Cour s'empresse, pour l'aider et
soulager, d'ordonner que Mᵉ Raoul Pichon se joindra à
lui pour ce travail (²).

Le 22 octobre, la Cour revient encore sur l'instruction
de cette affaire interminable. Elle ordonne que les
dépositions des témoins entendus à diverses époques,
les 14 août, 20 septembre, 16, 19 et 22 septembre,
seront jointes à ce procès pour y avoir tel égard que de
raison (³).

Le même jour, elle interpelle officiellement en chambre
du conseil Mᵉˢ G. Le Boursier, R. Pichon, L. Patarin et
J. Luart sur la collation des enquêtes de ce procès, à

(¹) V. *Arch. hist.,* t. IX, p. 376, 383, etc.
(²) V. *Arch. hist.,* t. IX, p. 383.
(³) V. *Arch. hist.,* t. IX, p. 386.

l'effet de savoir s'ils n'ont pas trouvé de différence entre les minutes et les grosses. — A quoi ils répondent qu'ils n'avaient pas trouvé de fautes, si ce n'est, en l'une des grosses, quelques petites omissions qui n'étaient pas *de substantialibus*. Puis, « hors la Court », Me Le Boursier dit qu'il s'en rapporte à la signature qu'il a mise à la fin des grosses (¹).

L'instruction de ce grand procès était enfin terminée et rien ne s'opposait plus à la prononciation de l'arrêt.

Déjà la Cour avait statué sur les deux autres procès qui n'avaient pas nécessité une aussi longue instruction.

Le 28 septembre, elle avait rendu son arrêt dans le procès de l'*Antoine de Hull,* entre les marchands anglais Bernard de Pentignen, et Pierre Gueilh, agissant tant pour eux que pour les marchands et marins dudit navire, demandeurs, et Olivier de Coëtivy, sénéchal de Guyenne et ses agents, défendeurs. Par cet arrêt, où se trouvent très longuement reproduites les circonstances de l'affaire et les défenses respectives des parties, la Cour, vu qu'il n'était pas prouvé que le tonnage du navire ne fût pas en rapport exact avec celui porté sur son sauf-conduit, faisant droit aux conclusions des demandeurs, ordonnait que le navire et sa cargaison leur seraient restitués, et que les marchands et marins retenus prisonniers à Blaye seraient mis en liberté. Elle condamnait enfin les défendeurs aux dépens (²).

Les marins et marchands de l'*Antoine de Hull* n'en avaient pas encore fini, malgré l'arrêt, avec les difficultés qu'on ne cessait de soulever contre eux. — Ainsi, dès le lendemain de l'arrêt, les fermiers des droits de navigation sur la Gironde réclamaient les droits dus par le

(¹) V. *Arch. hist.*, t. IX, p. 386.
(²) V. *Arch. hist.*, t. IX, p. 422 et suiv.

maître de la nef *l'Antoine de Hull,* du moment qu'elle était passée devant Blaye. Sur le refus du patron, il était appelé devant la Cour, où, pour lui, on faisait remarquer que, quoi qu'il y eût arrêt, ses biens ne lui avaient pas été rendus, ajoutant que, dès qu'il les aurait, il ferait ce qu'il devrait. — A quoi, les fermiers répliquaient en demandant que les droits fussent payés sur les prises. — L'affaire, appointée au conseil (¹), ne reparaît pas par la suite.

La taxe des dépens de ce procès amena encore un autre incident. Le Sénéchal et ses gens, ajournés pour assister à cette taxe, ne se présentaient pas, voulant ainsi lasser les marchands anglais par toutes sortes d'embarras. Mais la Cour, dont la mission allait expirer, donnait défaut, le 2 novembre, contre les défendeurs défaillants (²).

L'arrêt était rendu depuis le 28 septembre, et cependant, plusieurs semaines après, les marins et marchands détenus à Blaye n'avaient pas encore été relâchés. — La Cour s'en était émue, d'autant que les patrons de l'*Antoine de Hull,* Bernard de Pentignen et Pierre Gueilh, lui avaient représenté que pour fixer la valeur des marchandises dont la restitution était ordonnée et qui n'étaient pas représentées, une évaluation devait être faite, ce qui exigeait la présence des marchands qui étaient encore détenus à Blaye. Elle avait, en conséquence, ordonné à l'huissier Furet d'amener de Blaye à Bordeaux et d'écrouer au château de l'Ombrière les Anglais au nombre de neuf, encore prisonniers à Blaye ; mais le capitaine de Blaye avait refusé de les livrer, prétendant

_____

(¹) V. *Arch. hist.,* t. IX, p. 301.

(²) V. *Arch. hist.,* t. IX, p. 358. — Ces dépens furent plus tard taxés : V. *op. cit.,* p. 519.

qu'il ne pouvait les relâcher sans l'ordre du Sénéchal. — Le 17 octobre, le sieur Dubois, capitaine de Blaye, se présentait en personne devant la Cour et lui exposait que s'il n'avait pas déféré à la réquisition de l'huissier Furet, c'était parce qu'il s'était engagé envers le Sénéchal qui lui avait confié ces prisonniers, à ne les délivrer que sur son ordre. Il demandait, en conséquence, un délai pour prévenir le Sénéchal et dégager son engagement. — La Cour, statuant sur-le-champ, « pour certaines causes à » ce la mouvant », refusait à Dubois tout délai et lui ordonnait d'obéir au commandement de l'huissier (¹).

Il ne paraît pas que le capitaine de Blaye eût déféré sur-le-champ à l'arrêt, car on trouve, plusieurs jours après, à la date du 29 octobre (²), un ordre en forme exécutoire enjoignant de conduire au château de l'Ombrière les neuf prisonniers de Blaye qui y étaient encore.

Le 8 octobre, la Cour avait rendu son arrêt dans l'affaire de *la Marguerite d'Orwell*, entre Jean Baudry, procureur du Roi en la sénéchaussée de Guyenne, appelant de certaines lettres produites au procès et émanées du duc de Bourbon et d'Auvergne, comme lieutenant général du Roi dans le duché de Guyenne d'une part, et le duc de Bourbon et l'anglais Guillaume Baldry, intimés d'autre part. — Les mêmes parties figuraient encore soit comme demanderesses, soit comme défenderesses, dans diverses actions comprises dans le même procès.

Malgré la complication de ces actions relatives soit au navire lui-même, soit aux marchandises qui s'y trouvaient et aux dépens et aux dommages-intérêts réclamés, soit à l'infraction de la sécurité publique, l'instruction n'avait pas subi de trop longs délais. — Par son arrêt, où se

(¹) V. *Arch. hist.*, t. IX, p. 304.
(²) V. *Arch. hist.*, t. IX, p. 416.

trouvent avec de longs détails tous les incidents de cette affaire, la Cour, annulant la saisie, ordonnait que le navire *la Marguerite d'Orwell,* dont le tonnage était conforme à celui de son sauf-conduit, serait, ainsi que sa cargaison, restitué à son propriétaire l'anglais Baldry; déchargeait celui-ci des poursuites dirigées contre lui à l'occasion de sa fuite, mais lui refusait toute indemnité pour le dommage que lui avait causé la saisie [1].

L'exécution de cet arrêt amenait, comme pour le précédent, quelques difficultés. Il avait ordonné, outre la remise du navire, celle de l'artillerie et des harnais qui se trouvaient à bord. Il paraît qu'au moment de la saisie, le Sénéchal avait confié cette artillerie à son maître d'hôtel, Yvon de Karadennet. Lorsqu'il s'agit de la restituer, il la demanda à ce dernier qui lui donna sans doute d'assez mauvaises raisons, car il le fit contraindre à restituer. — Yvon se pourvut alors devant les *Grands-Jours* où il appela à sa garantie l'anglais G. Baldry. Il prétendait, en effet, que c'était par la faute de ce dernier que l'artillerie et les harnais avaient été perdus. Il racontait, à l'appui de son dire, que Baldry, arrêté par ordre du Sénéchal et violant la promesse qu'il avait faite, s'était enfui dans une filadière au moyen de laquelle il s'était mis à détrousser les gens, notamment des navires bretons; qu'ordre ayant été donné de lui courir sus, on avait donné l'artillerie et les harnais en question à ceux qui partirent pour le reprendre, mais qu'on n'y avait pas réussi et que l'artillerie n'avait pas été rendue. — D'où Yvon concluait qu'il n'était pas responsable. — Pour Baldry, on répondait que ces difficultés auraient dû être soumises aux conseillers qui avaient rendu l'arrêt; qu'au

____

[1] V. *Arch. hist.,* t. IX, p. 413 et suiv.

surplus, Yvon devait savoir à qui il avait remis l'artillerie et les harnais. — L'incident, appointé et renvoyé au conseil le 15 octobre, ne reparaît pas par la suite (¹).

Le 27 octobre, la Cour rendait son arrêt dans l'affaire des trois navires *la Gost, le Wary* et *l'Anne d'Anthoune*, entre le duc de Bourbon, lieutenant général du Roi en Guyenne, et Bernard de Saint-Marc, Gaillard de Laroque et Thomas Viu, marchands et patrons du navire *le Warry de Sandwich;* le même Bernard de Saint-Marc et Jean Cytord, patrons du navire *la Gost de Londres ;* Raymond Dusault, marchand, et Gaudefroy Sonday, tous deux patrons du navire *l'Anne d'Anthoune,* tous demandeurs en cas d'excès, d'une part, — et le sénéchal de Guyenne, de Coëtivy, avec ses hommes d'armes, défendeurs, d'autre part, etc., etc. — Par son arrêt très étendu et qui rappelle la longue instruction de l'affaire et les défenses très développées des parties, la Cour, fort embarrassée de découvrir la vérité dans le conflit sanglant arrivé au travers de Saint-Estèphe, n'ordonna la confiscation que de *la Gost,* maintint *le Wary* en état d'arrêt et renvoya au Parlement de Paris le soin de statuer sur le sort de *l'Anne d'Anthoune* (²).

Deux jours après, comme épilogue de cette décision, la Cour ordonnait au Connétable de payer, pour le Procureur du Roi, la somme de quinze écus montant des épices du procès de la nef *la Gost* (³).

Par les grands développements que j'ai donnés à ces trois affaires, j'ai voulu signaler, avec les divers intérêts qui s'y agitaient, les renseignements qu'on peut y trouver sur les usages maritimes du temps, les formalités imposées aux navires, les droits de navigation, les saufs-conduits,

(¹) V. *Arch. hist.,* t. IX, p. 320 et suiv.
(² ³) V. *Arch. hist.,* t. IX, p. 463 et suiv., p. 393.

les précautions à l'égard des Anglais, toujours suspects en Guyenne, etc., etc.

Je relève encore, après M. Barckhausen (¹), dans les trois arrêts que je viens de résumer, des actes peu connus de l'administration de Charles VII : d'abord, la défense qu'il fit à ses officiers d'accorder des saufs-conduits aux Anglais (du 27 octobre 1455 probablement); — puis l'autorisation exceptionnelle qu'il donna au duc de Bourbon de permettre aux marins et marchands d'Angleterre de remonter la Gironde et la Garonne jusqu'à Bordeaux (14 au 24 décembre 1455); enfin le traité qu'il passa avec le roi de Castille relativement à la délivrance de saufs-conduits pour un certain nombre de navires par an (..... 1456).

Vers la même époque, la Cour terminait une affaire qui intéressait deux marchands espagnols, Jean d'Iva-rolles, propriétaire, et Antoine d'Alixardi, patron de la nef *la Marie de Navarre*. Un marchand de Bordeaux, Pierre Ap..., avait, en 1458, mis arrêt sur ce navire. Dans le procès porté devant le Prévôt de l'Ombrière, était intervenu un interlocutoire dont l'appel avait été déféré au Juge de Gascogne. Les parties lui ayant donné tout pouvoir de terminer l'affaire par sentence définitive, ce juge déclara, le 4 juillet 1459, tortionnaire et sans cause l'arrêt fait de la nef dont il s'agit, et condamna Pierre Ap... à 500 écus d'or de dommages-intérêts et aux dépens. — Ce dernier fit appel, mais, comme il n'avait pas relevé cet appel dans les délais, les Espagnols, après avoir pris des lettres de chancellerie, le firent ajourner devant la Cour des *Grands-Jours* où Pierre Ap... ayant continué à rester défaillant, la sentence du juge de Gascogne fut

______

(¹) V. *Arch. hist.*, t. IX, *Intr.*, p. xxii et suiv.

confirmée le 11 octobre[1]. Presque aussitôt Ap... faisait opposition à cet arrêt par défaut et l'affaire revenait à l'audience du 19 octobre. Ce jour-là, la Cour, après avoir admis l'opposition, renvoya la cause au lendemain et au conseil. — Le 3 novembre, elle statua définitivement. Tout en confirmant au fond la sentence du premier juge, elle réduisit néanmoins à 400 écus d'or les dommages-intérêts à payer aux Espagnols[2].

En continuant à rechercher et à signaler les procès les plus caractéristiques de la situation où la Guyenne était réduite, on trouve les nombreux procès où le clergé gascon et notamment l'archevêque de Bordeaux ont été engagés. On a déjà vu, *suprà*, IIIe partie, p. 121, l'opposition faite par ce prélat à l'ordonnance des Commissaires de 1454, et la suite donnée à cette affaire qui n'eut sa décision, à certains égards simplement provisionnelle, que par l'important arrêt que la Cour des *Grands-Jours* rendit le 30 octobre 1459. — Les débats très étendus qui précédèrent cet arrêt montrèrent dans tout leur jour les prétentions du pouvoir ecclésiastique qui n'allait pas moins qu'à s'attribuer juridiction sur plusieurs actes de la vie civile. — Aussi, dans le cours de la session de 1459, trouve-t-on de nombreux procès se rattachant à cet ordre d'idées.

On vit alors l'esprit agressif de l'archevêque Blaise de Gréelle se manifester, non seulement contre le procureur du Roi, mais encore contre les jurats de Bordeaux, contre les Chapitres de Saint-André et de Saint-Seurin, et aussi contre divers personnages.

Dans l'affaire des Maire et jurats de Bordeaux auxquels le Procureur du Roi s'était joint, l'archevêque était appe-

(1) V. *Arch. hist.*, t. IX, p. 334 et 502.
(2) V. *Arch. hist.*, t. IX, p. 408 et suiv.

lant d'une sentence du Sénéchal de Guyenne rendue à
l'occasion de lettres royaux obtenues par les Maire et
jurats pour faire défense à l'archevêque de connaître des
actions réelles [1]. — L'affaire fut renvoyée à une audience
suivante où elle fut développée en même temps que le
grand procès ci-dessus relaté.

Dans l'affaire des doyens et chapitres des églises de
Saint-André et de Saint-Seurin de Bordeaux, relativement
aux exemptions dont ils avaient joui jusque-là, ces
derniers étaient appelants d'une sentence rendue par le
conseiller J. Le Damoisel, commissaire en cette partie.
— La Cour, statuant, le 3 octobre, sur les causes relatives à ces exemptions, lesquelles étaient alors pendantes
devant le Sénéchal, les renvoya, du consentement des
parties, devant le Parlement de Paris, au 15 janvier
suivant; néanmoins, elle ordonna, par provision, que
toutes les inhibitions et défenses, monitions, citations et
censures ecclésiastiques demeureraient en suspens jusqu'à
l'arrêt du Parlement à intervenir [2].

L'archevêque avait eu encore un procès avec le Chapitre de Saint-André, en particulier, au sujet de certains
privilèges revendiqués par ce dernier. Il était, dans cette
cause, appelant à la fois de Me Pierre Bragier, lieutenant
du Sénéchal de Guyenne, et du Juge de Gascogne. — La
Cour rejeta l'appel fait de la sentence du Sénéchal, mit
au néant tant l'appel que la sentence du Juge de Gascogne, et, statuant à nouveau, remit le Chapitre, par
vertu du premier chef du. statut *de novis dessaisinis,* en
la possession par lui prétendue. Au surplus, elle renvoya
les parties devant Me Bragier, ès-qualité, pour procéder
sur le second chef dudit statut (3 et 8 oct.) [3]. Il serait

[1] V. *Arch. hist.,* t. IX, p. 322, 326.
[2.3] V. *Arch. hist.,* t. IX, p. 396 et suiv. ; 377, 440 et suiv.

trop long de reproduire ici les griefs réciproques relevés par l'arrêt et que chacune des parties faisait valoir contre son adversaire. De part et d'autre, on invoquait une antique possession de privilèges et de prérogatives qu'on entendait défendre même par l'excommunication. L'archevêque s'était montré particulièrement irrité de ce que le Chapitre ne s'était pas adressé à une Cour ecclésiastique.

L'archevêque, se prétendant curé par union de Lormont, avait fait un procès à un prêtre, messire Jean Prindray, qui s'était opposé à ses prétentions; mais, comme il avait récusé en tant que suspects le Sénéchal et son lieutenant Bragier, avec lesquels il était en procès, l'affaire avait été portée devant deux subdélégués du Sénéchal, Jean Bermondet et Jean Surrel, qui appointèrent les parties en enquêtes. L'archevêque n'ayant pas obtenu le délai qu'il demandait pour y procéder, fit appel. — Devant la Cour, la validité de cet appel fut discutée. — L'arrêt confirma la sentence attaquée et renvoya les parties devant les subdélégués pour procéder comme de raison (¹).

Le procès fait par l'archevêque à Geoffroy de Pompadour (²) avait présenté une question de compétence territoriale dont il a été question *suprà*, IIᵉ partie, p. 67. — De Pompadour se prétendant prieur de Saint-Cibian, en Périgord, se plaignait de ce que l'archevêque avait troublé sa possession en pénétrant dans son prieuré avec 80 hommes d'armes. Pour faire cesser ces violences, de Pompadour avait obtenu une complainte; mais l'archevêque

<hr>

(¹) V. *Arch. hist.*, t. IX, p. 291 et suiv., 389 et 489.

(²) Il y a eu, plus tard, au Parlement de Bordeaux, un conseiller Geoffroy de Pompadour, vicomte de Biron, reçu le 12 mars 1527, et qui siégea, d'abord comme lay, puis comme clerc, jusqu'en 1548.

avait fait appel. Il se prétendait lui aussi en possession de Saint-Cibian; mais il insistait surtout sur ce que la Cour n'était pas compétente, le Périgord n'étant pas, d'après lui, compris dans son ressort. — Les débats s'étaient engagés sur ce terrain, devant la Cour. — Pour de Pompadour, on soutenait que, à raison des violences par lui commises, l'archevêque était par là même justiciable de la Cour; qu'au surplus, il avait été mandé à la Cour de connaître des causes des sujets des « pais de » Bourdelois et autres réduits. » — La Cour, peu fixée à cet égard, appointa l'affaire au Conseil pour qu'information fût faite *summarie* si ledit lieu de Saint-Cibian était des limites de la *Cour souveraine*, « quant elle seoit à » Bourdeaulx » (11 oct.) (¹). La Cour n'eut pas le temps de terminer l'affaire.

Un procès que Guillaume Dorgnac, vicaire général de l'archevêque, eut à soutenir contre le Chapitre de Saint-André fut encore l'occasion de curieuses révélations sur ce prélat, qui prétendait avoir, comme ses prédécesseurs, le privilège de disposer de trois prébendes en l'église Saint-André, et de deux à Saint-Seurin. Après le décès du chanoine de Landa, Dorgnac ayant obtenu de l'archevêque l'une des trois prébendes canonicales qui auraient été à sa disposition à Saint-André, tenta de se faire recevoir par son collègue le vicaire général Reissac. Mais le Chapitre, contestant tous ces agissements, avait élu Vital du Palais (²). De là un grand procès qui occupa plusieurs audiences où il fut beaucoup question des usages suivis jusque-là, et aussi de la *Pragmatique-sanction* qui était devenue applicable en Guyenne. Les grands

(¹) V. *Arch. hist.*, t. IX, p. 311 et suiv., 505 et suiv.
(²) Il était alors et depuis plusieurs années, comme on l'a déjà vu, juge des appels en la Cour de Gascogne.

développements donnés à ces débats ne permettent pas de les suivre dans tous leurs détails; mais il est intéressant d'y relever certains faits peu connus relatifs aux personnages en cause. Le Chapitre avait fait plaider que ce n'était pas par haine personnelle qu'il avait refusé de recevoir Dorgnac, mais parce qu'il était sans titre et aussi parce qu'il était à cette époque *innodatus majori sententiæ excommunicationis* du Pape; que même, deux mois avant, l'archevêque avait été également excommunié par le pape Calixte *ex officio*; qu'en outre, Reissac n'avait pu procéder seul à la réception de Dorgnac, d'autant qu'il était même alors lui aussi excommunié. — Dorgnac avait répondu que Landa étant mort le lundi, l'archevêque avait donné sa prébende le jeudi, et le Chapitre n'avait fait son élection que le vendredi suivant; que, par suite, le Chapitre ne pouvait faire une nouvelle collation; que, d'ailleurs, quant à l'excommunication relevée contre lui, tout avait été réparé par le Parlement de Paris, qui avait condamné l'évêque de Condom à le faire absoudre; qu'enfin, pour cette excommunication comme pour les autres alléguées, aucunes preuves n'étaient rapportées. — Vital du Palais, s'expliquant en personne, avait soutenu que les excommunications avaient été mises *publice in valvis* de Bordeaux, et avait terminé en requérant un compulsoire.

La Cour, après avoir ordonné, le 4 octobre, que les parties remettraient leurs pièces, leur avait accordé le compulsoire demandé *hinc et inde.* — La clôture très prochaine de la session ne permit pas de donner à cette affaire une solution quelconque (¹).

Le nom de Vital du Palais qu'on vient de voir figurer

______

(¹) V. *Arch. hist.*, t. IX, p. 290, 297 et suiv., 301 et suiv.

dans le grand procès qui précède, était celui d'un des personnages les plus mêlés aux affaires du temps. Élu chanoine de Saint-André, comme on l'a vu, il occupait le poste important de juge des appeaux de Gascogne, et comme tel se trouve, comme partie principale ou comme partie jointe, dans un très grand nombre des procès jugés par les *Grands-Jours de 1459*.

Cette juridiction transitoire eut, comme en 1456, à connaître de nombreuses affaires où se discutait l'application de l'*abolition* de Bordeaux et de l'édit de Compiègne. La perturbation jetée par la guerre dans les droits de chacun avait fait à la propriété foncière la plus déplorable situation, et avait aussi ouvert la voie aux revendications les plus audacieuses.

Parmi les plus ardents à la poursuite de ces actions plus ou moins téméraires, on remarque un gentilhomme, Jean Ferrant [1], écuyer, qui plaidait contre les religieux du couvent de Verteuil, et, en outre, contre sa propre sœur, Jeanne Ferrant, veuve de J. de Fronsac [2]. — Contre le couvent, il prétendait avoir droit à certaines dîmes sur les territoires de Saint-Germain-d'Esteuil et de

[1] En 1454, Jean Ferrant, écuyer, est qualifié seigneur de Livran et de Grayan, en Médoc. Dès 1324, Santz Guarssies Ferrant, damoiseau, demeurant près de La Réole, était gratifié par le roi d'Angleterre de la maison et château de Livran, dans la paroisse de Saint-Germaind'Esteuil. (V. Baurein, t. II, p. 98.)

[2] A la fin du XIIIe siècle, un vicomte de Fronsac avait épousé Yolande du Soler, de la puissante famille de ce nom. Leur fils était encore vicomte de Fronsac en 1315. Peu de temps après, cette vicomté passait à la maison de Pommiers. — Quant à la maison de Fronsac, qui était dès lors très ancienne dans le pays bordelais, elle avait continué, même après la perte du château, à en porter le nom, devenu son nom patronymique. Ainsi trouve-t-on : une dame Jeanne de Fronsac, qui avait épousé le chevalier Beruard de Castetja, d'une ancienne et noble famille du pays, et dont elle était veuve en 1393 (V. Baurein, t. VI, p. 273); un Jean de Fronsac, chevalier, ôtage du seigneur de Lesparre en 1414.

Sagondignac (¹). Appelé au sujet de cette prétention devant l'official de l'archevêque, il avait obtenu, par lettres royaux, le renvoi de l'affaire devant le Sénéchal. Les religieux ne s'étant pas présentés, il avait requis contre eux un défaut que le Sénéchal lui avait refusé, bien que cette réquisition fût faite *secundum stillum dicti senescalli*. Sur son appel, la Cour, par arrêt du 27 octobre, mettait l'appellation au néant, sans amende et sans dépens, et pour cause, et renvoyait les parties devant le Sénéchal pour procéder comme de raison (²).

Le même jour, la Cour statuait sur le procès que Ferrant avait avec sa sœur. Celle-ci, qui se disait dame de la Salle-de-Lynaiz en Médoc (³), et prétendait en avoir joui, elle et ses prédécesseurs, pendant quinze ans, soutenait que son frère, après avoir pris commission du Sénéchal de Guyenne, s'était mis en possession de cette terre où, appelée à procéder devant le commissaire, elle n'avait pu s'y rendre, son fils étant malade; que le commissaire avait alors ordonné que la terre litigieuse serait gouvernée sous la main du Roi et y avait commis son frère, ce dont elle avait appelé; mais que depuis elle avait obtenu des lettres royaux mandant au Sénéchal de la faire jouir de ladite terre, s'il apparaissait de sa longue possession;

(¹) Le territoire de l'ancienne paroisse de Sagondignac réuni, depuis une époque reculée, à celui de la paroisse de Saint-Germain-d'Esteuil, avait, comme ce dernier, pour gros décimateur, l'abbaye de Verteuil dont il a été déjà question, *suprà*. (V. IVᵉ partie, p. 82.) — Jean Ferrand réclamait probablement, comme seigneur de Livran, certaines dîmes inféodées.

(²) V. *Arch. hist.*, t. VI, p. 50, 64, 131, 177, 233, 241 et suiv ; 312, 391, 492, etc , etc.

(³) Cette Salle-de-Lynaiz ou Linaiz est-elle la Salle-de-Lynas, en la paroisse de Blanquefort, dont il est question dans un titre de 1444, où Gaston de Lisle prend, entre autres titres, celui de seigneur de La Salle-de-Lynas? — V. Baurein, t. II, p. 120, qui cependant n'a pas signalé cette maison noble dans la paroisse de Blanquefort.

que cependant le Sénéchal ayant refusé de les entériner,
elle avait encore interjeté appel. — Après des débats assez
animés, l'affaire avait été portée, d'abord, devant les
Grands-Jours de 1456, qui le 21 octobre 1456, tout en
rejetant les appels et en condamnant l'appelante aux
dépens, avait renvoyé l'affaire devant le Sénéchal. —
Notons en passant, que, par son arrêt, la Cour ordonne
que « sur ladite amende seront prins les frais de ladicte
» Cour des *Grands-Jours* ». — L'affaire était reprise devant
les *Grands-Jours* de 1459. — Jean Ferrant est maintenant
appelant du Sénéchal. Il se pose en seigneur de la Salle-
de-Linaiz et rapporte qu'après le renvoi au Sénéchal,
celui-ci, au mépris du style admis, avait décidé que
c'était lui, Ferrant, qui serait appelant. Le débat s'en-
gage en ces termes et se poursuit sur le point de savoir
qui doit faire preuve de sa possession. Ce qui est à
retenir, au milieu de ces discussions, c'est que la veuve
de Fronsac prétendait que son frère s'était mis en possession de la terre litigieuse « soubz umbre de faire
» bonne chière » avec elle, et puis en se prévalant de
l'édit de Compiègne. — La Cour, statuant le 27 octobre
et le 4 novembre, rejeta l'appel et condamna Ferrant aux
dépens; renvoya néanmoins les parties devant le Sénéchal pour procéder au surplus comme de raison (¹).

Les procès de ce genre pourraient être cités en grand
nombre; mais il faut se restreindre. Rappelons seulement
le gros procès relatif à l'hôtel *Monadey,* dont il a été
question *suprà,* Iʳᵉ partie, p. 56 et suivantes.

Les *Grands-Jours* de 1459 eurent à juger une affaire
qui soulevait la question de savoir s'il y avait confiscation
en Guyenne. Voici dans quelles circonstances : Ysabeau

(¹) V. *Arch. hist.,* t. IX, p. 27, 74 et suiv.; 142 et suiv.; 227 et suiv.;
238, 240, 286, 313 et suiv.; 337 et suiv.; 392, etc., etc.

de Lassadde, veuve de Jean Labalut, ayant convolé en secondes noces avec Héliot Ferron, ne tarda pas à empoisonner son second mari et deux autres personnes. Traduite devant le Sénéchal de Guyenne, elle fut condámnée à être brûlée, et ses biens furent confisqués. Elle laissait une fille, encore mineure, sous la tutelle de Pierre de Lope. — Deux mois après la condamnation, ce dernier, au nom de la mineure, fit appel de la sentence, en tant qu'elle avait prononcé la confiscation.

L'affaire portée devant la Cour donna lieu à de longs et intéressants débats. — Pour la mineure, on soutenait que, d'après la Coutume de Bordeaux, quelle que fût la condamnation, les biens ne pouvaient être confisqués; qu'il en avait été ainsi de tout temps, sans que jamais rien y eût dérogé; qu'au contraire, le Roi avait confirmé cette coutume comme les autres (¹); qu'enfin le Sénéchal lui-même avait rendu à la mineure certains joyaux et biens. — Pour le Procureur du Roi et le Connétable de Bordeaux, on répondait que la Coutume alléguée n'était pas justifiée; qu'au surplus, existât-elle du temps des Anglais, elle ne saurait préjudicier au droit ou à la coutume y dérogeant; qu'il y avait, en effet, une coutume, d'après laquelle celui qui en fait mourir un autre par le poison, ne peut avoir ni fors ni coutume dont il se puisse aider; qu'enfin le procureur de ville qui assistait à la sentence n'avait pas protesté. On ajoutait que, si le tuteur avait montré tant de diligence, c'est qu'il voulait

(¹) « Il est certain, dit Gaufreteau, t. I, p. 22, que confiscation de » biens n'a pas lieu en Guyenne; car c'est des articles faits avec le » comte Dunois... en 1451. » — Il y avait un titre plus ancien, souvent invoqué depuis. C'est la Charte octroyée, le 15 mars 1337, par le roi Jean à la noblesse gasconne par laquelle il exemptait la Guyenne de la confiscation, même pour le crime de lèse-majesté, excepté au premier chef. (V. Arch. dép. : *Reg. d'enregist. du Parlement*, B. 30 *bis*, f° 208 et suiv.)

donner son fils pour mari à la mineure. — Après diverses involutions de procédure, la Cour rendit, le 26 octobre, à la veille de quitter Bordeaux, un arrêt par lequel elle ordonnait des enquêtes lesquelles devaient être rapportées au Parlement de Paris pour y faire droit [1].

Un appel porté devant les *Grands-Jours* révèle l'existence d'un singulier usage judiciaire dans le pays de Dax. — Un gentilhomme, Gauchy Arnault de Saint-Martin, avait fait appel d'une sentence du Juge de Gascogne qui l'avait condamné, sans l'avoir entendu et même sans l'avoir fait citer devant lui. — Pour le vicomte de Hurtaulx qui avait obtenu cette étrange décision, on répondait que, ainsi qu'il était d'usage de le faire, selon le style du pays de Dax, le procès entre les parties, clos et scellé, avait été envoyé par le juge de Dax au Juge de Gascogne pour qu'il eût à prononcer le jugement; que ce dernier devait, en pareil cas, juger sans appeler les parties, ainsi qu'on avait, de tout temps, procédé.

La Cour, peu édifiée sur la validité de cette forme étrange de procédure, appointa ce procès au Conseil, par arrêt du 4 octobre; mais la fin de la session ne lui permit pas de se prononcer à cet égard [2].

Elle laissa aussi sans décision un procès qui rappelait les mauvais jours où le rançonnement se pratiquait sans vergogne, à la faveur des troubles, jusque dans les rues de Bordeaux. Des débats qui eurent lieu devant la Cour, il résulta que Guillaume Carmolet, homme de guerre sous le Sénéchal, avait été fait prisonnier quand Talbot entra à Bordeaux la dernière fois. Une noble damoiselle, Jeanne d'Estut, touchée du sort de Carmolet que les Anglais se disposaient à mettre sur leurs navires pour le mener

---

[1] V. *Arch. hist.*, t. IX, p. 268, 270, 287, 293, 389, 494, etc., etc.
[2] V. *Arch. hist.*, t. IX, p. 306.

en Angleterre, « et le noyer, » croyait-elle, s'offrit alors généreusement pour le cautionner. Elle se porta donc plège pour lui envers l'Anglais qui le tenait, et ce, pour la somme de douze écus. — Après la dernière réduction, quand la paix fut rétablie, elle réclama vainement à Carmolet le remboursement de ses avances. Elle l'ajourna alors devant le maréchal de Xantrailles qui, lui ou son lieutenant, Me Mathieu Boymart, après avoir ouï les parties, les admit à faire leurs preuves; mais Carmolet, malgré les délais successifs à lui accordés, ne produisit rien. En conséquence, il fut condamné, et plus tard il se porta appelant de cette sentence devant les *Grands-Jours*. — Là, Carmolet, très léger de reconnaissance, tout en avouant le service à lui rendu par la noble damoiselle, prétendit que le sénéchal Olivier de Coëtivy lui-même s'était constitué principal payeur pour lui; que sans doute Jeanne d'Estut avait eu pitié de son sort; mais que cela ne lui avait rien coûté, qu'elle « avait plus » de lui qu'elle n'avait payé pour lui »; qu'elle n'avait effectivement rien payé et s'était simplement obligée envers l'Anglais. — Comme dernier argument il ajoutait que, par le traité fait à la dernière réduction de Bordeaux, tous les prisonniers demeurant quittes, il se trouvait par là même dégagé de l'engagement qu'il avait souscrit. — Pour Jeanne d'Estut, les réponses étaient faciles. Pour payer la rançon de Carmolet, elle avait dû vendre ses bijoux; elle ajoutait qu'il lui avait, du reste, souscrit un engagement qu'il ne déniait pas; qu'il alléguait, il est vrai, que Olivier de Coëtivy s'était constitué plège pour lui et principal payeur, voulant faire entendre ainsi qu'il se trouvait par là même dégagé; mais qu'en admettant que Coëtivy se fût obligé, il aurait pu se départir de son engagement depuis l'*abolition;* que Carmolet ne pouvait en faire autant à l'égard de l'intimée; que le traité de Bordeaux ne s'entendait que de ceux qui tenaient des prisonniers et ne saurait s'appliquer à celle qui avait donné son argent pour payer la rançon. — L'affaire appointée au conseil n'eut pas de solution avant la fin de la session (¹).

Bien des procès rappelaient, comme celui qui précède, les mauvais jours de la conquête. Il en est un qui, de plus, présente l'application d'un édit que Charles VII avait rendu et fait publier au moment de la dernière réduction de Bordeaux et de la Guyenne. Par cet édit, assez draconien, il était notamment ordonné que tous ceux qui, ayant connaissance de biens appartenant aux anciens ennemis les Anglais, ne les auraient pas révélés aux officiers du Roi, fussent par là même condamnés à une peine, sans que, d'ailleurs, elle fût déterminée.

La Cour eut à faire l'application de cette disposition à un chanoine de Saint-Seurin, Martin Milet, à qui le Procureur du Roi de la sénéchaussée de Guyenne reprochait le fait suivant : Milet, après avoir caché une somme de 70 francs bordelais provenant des revenus, fruits et émoluments de l'église de Mérignac (²), dépendance du prieuré de Pompignac, avait compté cette somme à « un Anglais », Pierre de Béarn (³), se rendant par là même passible de la peine prévue par l'édit. — La révélation de ce fait était résultée d'un procès que certain gentilhomme, nommé Henri Lecroisic, avait fait au chanoine

---

(¹) V. *Arch. hist.*, t. IX, p. 273 et suiv., 317 et suiv.

(²) L'église de Mérignac devint par la suite une dépendance du prieuré de Comprian en Buch. (V. Baurein, t. II, p. 295.)

(³) Cet Anglais n'est autre que l'abbé de Sainte-Croix à Bordeaux, dont il a été déjà question, IIIe partie, p. 95 et suiv. — Signalé, dès 1452, par son dévouement à l'Angleterre, il avait, en 1453, refusé de prêter serment à Charles VII et s'était réfugié à Lescar, au pied des Pyrénées.

Milet au sujet d'une somme de 140 livres monnaie bordelaise, qu'il prétendait appartenir au prieuré de Pompignac. L'affaire portée, d'abord, devant Jean Auger, trésorier général de France en Guyenne, était passée, ensuite, en vertu de lettres-royaux, devant le Sénéchal de Guyenne où l'attention du Procureur du Roi avait été éveillée par les circonstances de la cause. — Devant le Sénéchal, l'instruction de l'affaire n'avait pas laissé de doute sur le fait reproché au chanoine Milet qui, du reste, avait fait les aveux les plus complets. — En conséquence, le Sénéchal l'avait condamné, d'abord, à rembourser la somme de 70 francs bordelais destinée à des réparations à faire à l'église de Mérignac, et, pour cela, à la remettre à Jean de Mons, bourgeois de Bordeaux (1). Il l'avait, en outre, condamné, comme ayant contrevenu à l'édit, à pareille somme de 70 francs bordelais envers le Roi et aux dépens envers Lecroisic.

Sur l'appel du chanoine Milet, la Cour, estimant sans doute que l'amende, laissée à l'appréciation du juge, était trop forte, eu égard aux circonstances, réforma la sentence du Sénéchal en ce qu'il avait condamné Milet à une amende de 70 francs bordelais, et ne le condamna qu'à une somme de 50 francs bordelais envers le Roi. Elle confirma pour le surplus la sentence du premier juge (3 nov. 1459) (2).

De nombreux arrêts révèlent sur les mœurs et les habitudes des simples particuliers, à cette époque, des pratiques étranges qu'il serait trop long de signaler ici. Il suffira de citer un procès, très riche en ren-

----

(1) La famille de Mons était dès lors ancienne dans Bordeaux et particulièrement connue par son zèle pour l'église Saint-Michel. Au commencement du XVe siècle, Henri de Mons avait fait construire la belle porte qui est le plus près de la rivière. (V. Baurein, t. V, p. 183.)

(2) V. *Arch. hist.*, t. IX, p. 353 et suiv.; 491 et suiv.

seignements de cette sorte, où se trouvait engagée la responsabilité d'un aubergiste, dans les circonstances suivantes :

Guillaume Perdriel, clerc du Trésorier des guerres, et comme tel chargé de payer les francs-archers, arrivait à Pons, la veille de Notre-Dame de septembre 1455, et allait se loger à l'hôtel de *la Tête-Noire*, tenu par Guymard Simon. Il confia aussitôt sa « bougette », où se trouvait une somme importante, à la femme Simon qui s'empressa de la mettre sous clef. — Le lendemain, il quittait Pons, se dirigeant sur Mirambeau, Blaye et Bordeaux où, ayant voulu faire un paiement à Luart (¹), il s'aperçut qu'il lui manquait 200 écus d'or. Ses soupçons se portèrent aussitôt sur Simon ; mais il n'avait aucune preuve à l'appui. Il s'adressa alors à Me Monnot, connu pour ses pratiques divinatoires, et le pria de lui dire où était son argent. Monnot lui ayant répondu, « en renyant Dieu, » qu'ayant perdu son livre, il ne saurait faire ce qu'on lui demandait, Perdriel s'adressa à Raguier, un autre praticien de divination. Raguier accepta la mission et lui dit qu'il mettrait une dague sur le psaume *Deus Deorum* et que la dague tomberait sur le nom de celui qui avait l'argent. L'expérience fut aussitôt faite, et, d'après ce qui a été rapporté, la dague tourna dès qu'on eut mis le nom de Simon. Tout cela s'était passé à Bordeaux en présence de diverses personnes et, ajoutait-on, de Me Raphaël lui-même, l'avocat de Perdriel. Celui-ci s'adressa alors au Maréchal, qui ne trouva pas les preuves suffisantes. Il fit alors venir de La Rochelle un certain Dubreuil qui promit de trouver le voleur, moyennant une

(¹) C'est probablement le notaire et secrétaire du Roi que nous avons déjà vu fonctionner auprès des Commissaires royaux de 1454 (IIIe partie) et de la Commission des prises, *suprà* (IVe partie, p. 75).

fouasse : celui qui en mangerait et ne pourrait l'avaler,
serait le coupable. L'expérience fut, à ce qu'il paraît,
faite chez le Prévôt de l'Ombrière, Guillaume de Blois,
en sa présence, ainsi qu'en celle de Me Raphaël et d'autres. Simon, soumis à l'épreuve, en sortit victorieux,
mais néanmoins peu rassuré ; car bientôt après il prit la
fuite avec sa femme et sa chambrière, s'en allant à Paris
pour ses affaires, dit-il plus tard, en lieu de franchise,
dirent les autres. — Quoi qu'il en soit, Perdriel ne perdit
pas de temps. Pendant que le Prévôt de l'Ombrière se
rendait à Pons avec des gens d'armes, il envoyait, de
son côté, un huissier saisir les effets délaissés par Simon.
— Dans l'intervalle, le Maréchal avait donné défaut
contre ce dernier qui, paraît-il, avait varié dans ses
réponses. — Sur un appel au Parlement de Paris, l'affaire
était déjà venue aux *Grands-Jours de 1456*, sans y recevoir de solution. Elle revenait, le 20 septembre 1459,
devant les *Grands-Jours* de cette époque où la procédure
était enfin régularisée. — Là, les débats furent vifs et
animés. Perdriel avait bien ajourné Simon, sa femme et
sa domestique, mais comme il ne pressait pas son affaire,
ces derniers l'avaient reconventionnellement assigné pour
excès et attentats, et ils avaient également ajourné le
Prévôt de l'Ombrière, Guillaume de Blois, et les devins
Pierre Dubreuil, François Raguier et Nicolas Alouse. De
part et d'autre, il fut fait de curieuses révélations sur
les personnes et les agissements de tout ce monde. Si
Simon se disait noble et ruiné par les agissements de
Perdriel, celui-ci ne se disait pas moins noble, investi
de la confiance du Trésorier, et distribuant par an plus
de 60,000 écus. — Quant à Raguier, il avouait tout. —
Pour le Prévôt de l'Ombrière, la situation était plus délicate. Vainement avait-on représenté Guillaume de Blois

comme un bon ecclésiastique, « recevant N. S. de deux
» mois en deux mois », il avait à se défendre contre de
graves accusations. — Le Procureur du Roi, qui prit la
parole après ces longues discussions, résuma dans ses
réquisitions, l'impression qui en ressort. Il estima qu'on
devait déclarer coupables de s'être livrés à des divinations
tant Perdriel que le prévôt de Blois, et les devins Raguier
et Dubreuil. Il demanda des mesures répressives contre
ces pratiques qui, disait-il, « pululent fors entre gens de
» guerre. » Il requit, en conséquence, que Perdriel et
Raguier fussent « pilorisez » un jour de samedi, et condamnés à faire amende honorable, au Parquet, une
torche à la main, en disant qu'ils avaient faussement usé
de divinations et qu'ils en demandaient pardon; et, en
outre, qu'ils fussent condamnés, chacun, à 500 livres
parisis. — Contre Blois et Alouse, les conclusions étaient
plus anodines. Quant à Dubreuil, il échappait par une fin
de non-procéder.

La Cour, statuant le 24 septembre sur l'action des
époux Simon, se contenta d'interdire, comme elles
l'avaient été déjà de droit, les pratiques incriminées, à
savoir de procéder, en justice ou autrement, par voie de
divinations (1), défendant aux sujets du Roi d'en user

(1) On pourrait s'étonner de voir un prévôt de l'Ombrière, un avocat
alors renommé, assister, présider même à de telles épreuves. Les pratiques superstitieuses du moyen âge avaient laissé au xv⁰ siècle bien
des traces dans les habitudes du peuple et même de la bourgeoisie. Le
duel judiciaire n'était-il pas encore officiellement admis au commencement du siècle? Malgré les condamnations réitérées des papes, les
épreuves par l'eau froide, par l'eau chaude, par le fer chaud, par la
croix, par l'Eucharistie, auxquelles jadis un duc de Guyenne et Grégoire de Tours lui-même n'avaient pas hésité à se soumettre, avaient
continué à trouver des adeptes. Dans l'impossibilité, pour l'accusé de
se justifier, pour le juge de trouver les preuves du crime, on n'avait
rien imaginé de mieux, afin de donner satisfaction aux esprits qui ne
pouvaient se résigner au doute, que d'en appeler à Dieu lui-même. Les
païens n'avaient pas fait autrement.

jamais. Au surplus, elle appointa les parties à faire leurs enquêtes en les ajournant à un mois.

L'affaire revenait le lendemain 25 septembre, mais, cette fois, sur la demande formée par Perdriel. Il faisait alors déclarer par son avocat, que, quelque bon que fût son procès, comme il pourrait durer longtemps et qu'il avait personnellement charge par ailleurs, il consentait à se désister de son action: ce dont la Cour lui donnait acte en condamnant aux dépens les défendeurs.

Le 29 octobre, l'affaire reparaissait encore à l'audience sur l'action, pour excès et attentat, formée par Simon; mais le procès n'était pas encore en état, et la Cour ajournait de nouveau les parties au mercredi 31 octobre, jour où il n'y a pas trace de cette affaire, et où la session finissait (1).

Il dut arriver de ce procès, comme d'une foule d'autres, qui, faute de temps pour les instruire, étaient condamnés d'avance à ne pas recevoir de solution. C'était bien là le résultat nécessaire des courtes sessions de ces *Grands-Jours* qui, en définitive, n'étaient qu'une satisfaction bien précaire donnée au besoin de justice inhérent à toute société.

La Guyenne aura à attendre encore trois ans avant d'avoir enfin et définitivement une justice souveraine et permanente sur son territoire.

(1) V. *Arch. hist.*, t. IX, p. 275, 280, 287 et 359.

INDEX

TABLE ALPHABÉTIQUE DES NOMS

L

Labatut (Jean), 192.
Laborde (Bernadon de), 130.
Lacolta ou Lacobra (Pierre de), évêque de Dax, conseiller, 30.
Lacoste (Arnaud-Guillaume de), 126.
Lacrompte (Jean de), 79.
Lafite (Pierre), notaire apostolique, 106.
Lalande (Arnaud et Pierre de), 55.
— (Jean de), 1, 133, 143.
— (Raynaud de), 144, 145.
Laleigne (Aimar de), 15,
La Mothe (Amanieu de), 143, 144.
— (Arnaud-Guillaume de), 143, 144, 145.
— (Bérard de), seigneur de Roquetaillade, 79, 80.
— (Gaillard de), 143.
— (Pierre de), 143, 144, 145, 146, 147, 148.
La Mothe-de-Beautiran (famille de), 143.
La Mothe-de-Roquetaillade (maison de), 80.
Lamothe (les frères), cités, 49, 111.
Lancastre (Henri de), 26.
— (Jean de), 26.
Landa (de), chanoine, 187, 188.
Langoiran (seigneur de), 13.
Lansac (Mondot de), 83. *Voy.* Andron (G.).
Laperche (Jean de), dit de Verdun, seigneur de Bourg, 153, 154.
Laplanche (Bernard de), évêque de Dax, 33.
Larchivesque (Guillaume), seigneur de Parthenay, cons., 18.
La Réaulte (Jean de), cons., 134.
La Roche (Guy de), sénéchal d'Angoumois, 158, 175, 176.
Laroque (Arnaud de), prêtre, 151.
— (Gaillard de), marchand, 182.
Lassadde (Ysabeau de), 192.

Latrau (Isabeau de), 25, 71.
Latrau (soudan de), 54.
La Treille (Pierre de), conseiller, 134, 158, 160, 162.
Le Boulanger (Jean), conseiller, 158, 160, 175, 176.
Le Boursier (Girard), maître des requêtes, 93, 95, 99, 100, 127, 158, 160, 177, 178.
Lecoq (Michel), 125.
Lecroisic (Henri), 195.
Le Damoisel (Jean), conseiller, 158, 160, 161, 176, 185.
Lefils (Jean), prévôt de Saint-Sever, 125, 126, 127.
Lejeune (Raymond), huissier, 76.
Lemercier (Jean), procureur, 55, 138.
— (Nicolas), huissier, 134.
Lexagne (Garcias de), 33.
Lesparre (sires de), 22, 54, 70, 82.
— (Bernard de), 22.
— (Florimond de), 18, 22, 25, 30, 70.
Lhermitte (Tristan), 124, 143.
Limoges (vicomtesse de), 7.
Lisle (Gaston de), 190.
Livres (Henri de), conseiller, 134.
Lobain (Robert), procureur, 138, 139.
Lomagne (Isabeau de), 81.
Lope (Pierre de), 192.
Louis IX, 7.
Louis XI, 65.
Loysel (Antoine), cité, 103.
Luart (Joachim), notaire et secrétaire du Roi, 99, 100, 135, 175, 177, 197.
Luchaire, cité, 13.
Lugbon (Marie de), 14, 15.
Luillier (Louis), 162.

M

Madailhan (Guillaume-Amanieu de), 70.
Mageston (Robert), 14.
Makanan (Arnaud), 149.

Bordeaux. — Imp. G. GOUNOUILHOU, rue Guiraude, 11

Bordeaux. — Imp. G. Gounouilhou, rue Guiraude, 11

www.ingramcontent.com/pod-product-compliance
Ingram Content Group UK Ltd.
Pitfield, Milton Keynes, MK11 3LW, UK
UKHW021516090726
13657UKWH00001B/275